PROGRAMME 2015

Pratiquer l'EPS Cycle 3

DES ACTIVITÉS PHYSIQUES ET SPORTIVES
AU CYCLE 3

Équipe des conseillers pédagogiques en EPS du Bas-Rhin

Caro
Illustratrice

ACCÈS Éditions

Cet ouvrage suit l'orthographe recommandée par les rectifications de 1990 et les programmes scolaires (voir le site : www.orthographe-recommandee.info et son miniguide d'information).

SOMMAIRE

LES TEXTES OFFICIELS DE RÉFÉRENCE

Bulletin officiel spécial n°21 du 26 novembre 2015

L'éducation physique et sportive occupe une place originale où le corps, la motricité, l'action et l'engagement de soi sont au cœur des apprentissages et assure une contribution essentielle à l'éducation à la santé. Par la confrontation à des problèmes moteurs variés et la rencontre avec les autres, dans différents jeux et activités physiques et sportives, les élèves poursuivent au cycle 3 l'exploration de leurs possibilités motrices et renforcent leurs premières compétences.

L'éducation physique et sportive développe l'accès à un riche champ de pratiques, à forte implication culturelle et sociale, importantes dans le développement de la vie personnelle et collective de l'individu. Tout au long de la scolarité, l'éducation physique et sportive a pour finalité de former un citoyen lucide, autonome, physiquement et socialement éduqué, dans le souci du vivre-ensemble. Elle amène les enfants et les adolescents à rechercher le bien-être et à se soucier de leur santé. Elle assure l'inclusion, dans la classe, des élèves à besoins éducatifs particuliers ou en situation de handicap. L'éducation physique et sportive initie au plaisir de la pratique sportive.

L'éducation physique et sportive répond aux enjeux de formation du socle commun en permettant à tous les élèves, filles et garçons ensemble et à égalité, a fortiori les plus éloignés de la pratique physique et sportive, de construire cinq compétences travaillées en continuité durant les différents cycles :

- Développer sa motricité et apprendre à s'exprimer en utilisant son corps
- S'approprier par la pratique physique et sportive, des méthodes et des outils
- Partager des règles, assumer des rôles et des responsabilités
- Apprendre à entretenir sa santé par une activité physique régulière
- S'approprier une culture physique sportive et artistique

Pour développer ces compétences générales, l'éducation physique et sportive propose à tous les élèves, de l'école au collège, un parcours de formation constitué de **quatre champs d'apprentissage complémentaires** :

- **Produire une performance optimale, mesurable à une échéance donnée**
- **Adapter ses déplacements à des environnements variés**
- **Conduire et maitriser un affrontement collectif ou interindividuel**
- **S'exprimer devant les autres par une prestation artistique et/ou acrobatique**

Chaque champ d'apprentissage permet aux élèves de construire des compétences intégrant différentes dimensions (motrice, méthodologique, sociale), en s'appuyant sur des activités physiques sportives et artistiques (APSA) diversifiées. Chaque cycle des programmes (cycle 2, 3, 4) doit permettre aux élèves de rencontrer les quatre champs d'apprentissage. À l'école et au collège, un projet pédagogique définit un parcours de formation équilibré et progressif, adapté aux caractéristiques des élèves, aux capacités des matériels et équipements disponibles, aux ressources humaines mobilisables.

Au cours du cycle 3, les élèves mobilisent leurs ressources pour transformer leur motricité dans des contextes diversifiés et plus contraignants. Ils identifient les effets immédiats de leurs actions, en insistant sur la nécessaire médiation du langage oral et écrit. Ils poursuivent leur initiation à des rôles divers (arbitre, observateur...) et comprennent la nécessité de la règle. Grâce à un temps de pratique conséquent, les élèves éprouvent et développent des méthodes de travail propres à la discipline (par l'action, l'imitation, l'observation, la coopération, etc.). La continuité et la consolidation des apprentissages nécessitent une coopération entre les professeurs du premier et du second degré. Dans la continuité du cycle 2, savoir nager reste une priorité.

En complément de l'éducation physique et sportive, l'association sportive du collège constitue une occasion, pour tous les élèves volontaires, de prolonger leur pratique physique dans un cadre associatif, de vivre de nouvelles expériences et de prendre en charge des responsabilités.

À l'issue du cycle 3, tous les élèves doivent avoir atteint le niveau attendu de compétence dans au moins une activité physique par champ d'apprentissage.

DOMAINES DU SOCLE	COMPÉTENCES TRAVAILLÉES
1	**Développer sa motricité et construire un langage du corps** • Adapter sa motricité à des situations variées. • Acquérir des techniques spécifiques pour améliorer son efficacité. • Mobiliser différentes ressources (physiologique, biomécanique, psychologique, émotionnelle) pour agir de manière efficiente.
2	**S'approprier seul ou à plusieurs par la pratique, les méthodes et outils pour apprendre** • Apprendre par l'action, l'observation, l'analyse de son activité et de celle des autres. • Répéter un geste pour le stabiliser et le rendre plus efficace. • Utiliser des outils numériques pour observer, évaluer et modifier ses actions.
3	**Partager des règles, assumer des rôles et des responsabilités** • Assumer les rôles sociaux spécifiques aux différentes APSA et à la classe (joueur, coach, arbitre, juge, observateur, tuteur, médiateur, organisateur...). • Comprendre, respecter et faire respecter règles et règlements. • Assurer sa sécurité et celle d'autrui dans des situations variées. • S'engager dans les activités sportives et artistiques collectives.
4	**Apprendre à entretenir sa santé par une activité physique régulière** • Évaluer la quantité et la qualité de son activité physique quotidienne dans et hors l'école. • Connaitre et appliquer des principes d'une bonne hygiène de vie. • Adapter l'intensité de son engagement physique à ses possibilités pour ne pas se mettre en danger.
5	**S'approprier une culture physique sportive et artistique** • Savoir situer des performances à l'échelle de la performance humaine. • Comprendre et respecter l'environnement des pratiques physiques et sportives.

Attendus de fin de cycle

• Produire une performance optimale, mesurable à une échéance donnée

Réaliser des efforts et enchainer plusieurs actions motrices dans différentes familles pour aller plus vite, plus longtemps, plus haut, plus loin.

Combiner une course un saut un lancer pour faire la meilleure performance cumulée.

Mesurer et quantifier les performances, les enregistrer, les comparer, les classer, les traduire en représentations graphiques.

Assumer les rôles de chronométreur et d'observateur.

COMPÉTENCES TRAVAILLÉES PENDANT LE CYCLE

- Combiner des actions simples: courir-lancer; courir-sauter.
- Mobiliser ses ressources pour réaliser la meilleure performance possible dans des activités athlétiques variées (courses, sauts, lancers).
- Appliquer des principes simples pour améliorer la performance dans des activités athlétiques et/ou nautiques.
- Utiliser sa vitesse pour aller plus loin, ou plus haut.
- Rester horizontalement et sans appui en équilibre dans l'eau.
- Pendant la pratique, prendre des repères extérieurs et des repères sur son corps pour contrôler son déplacement et son effort.
- Utiliser des outils de mesures simples pour évaluer sa performance.
- Respecter les règles des activités.
- Passer par les différents rôles sociaux.

EXEMPLES DE SITUATIONS, D'ACTIVITÉS ET DE RESSOURCES POUR L'ÉLÈVE

Activités athlétiques (courses, sauts, lancers) et natation.

REPÈRES DE PROGRESSIVITÉ

Des aménagements sont envisageables pour permettre aux élèves d'exploiter au mieux leurs ressources pour produire une performance maximale, source de plaisir.

Privilégier la variété des situations qui permettent d'exploiter différents types de ressources dans un temps d'engagement moteur conséquent.

Les retours sur leurs actions permettent aux élèves de progresser.

• Adapter ses déplacements à des environnements variés

Réaliser, seul ou à plusieurs, un parcours dans plusieurs environnements inhabituels, en milieu naturel aménagé ou artificiel.

Connaitre et respecter les règles de sécurité qui s'appliquent à chaque environnement.

Identifier la personne responsable à alerter ou la procédure en cas de problème.

Valider l'attestation scolaire du savoir nager (ASSN), conformément à l'arrêté du 9 juillet 2015.

COMPÉTENCES TRAVAILLÉES PENDANT LE CYCLE

- Conduire un déplacement sans appréhension et en toute sécurité.
- Adapter son déplacement aux différents milieux.
- Tenir compte du milieu et de ses évolutions (vent, eau, végétation...).
- Gérer son effort pour pouvoir revenir au point de départ.
- Aider l'autre.

EXEMPLES DE SITUATIONS, D'ACTIVITÉS ET DE RESSOURCES POUR L'ÉLÈVE

Activité de roule et de glisse, activités nautiques, équitation, parcours d'orientation, parcours d'escalade, savoir nager, etc.

REPÈRES DE PROGRESSIVITÉ

La natation fera l'objet, dans la mesure du possible, d'un enseignement sur chaque année du cycle.

Les activités d'orientation peuvent être programmées, quel que soit le lieu d'implantation de l'établissement. Les autres activités physiques de pleine nature seront abordées si les ressources locales ou l'organisation d'un séjour avec nuitées le permette.

• Conduire et maitriser un affrontement collectif ou interindividuel

S'organiser tactiquement pour gagner le duel ou le match en identifiant les situations favorables de marque.

Maintenir un engagement moteur efficace sur tout le temps de jeu prévu.

Respecter les partenaires, les adversaires et l'arbitre.

Assurer différents rôles sociaux (joueur, arbitre, observateur) inhérents à l'activité et à l'organisation de la classe.

Accepter le résultat de la rencontre et être capable de le commenter.

COMPÉTENCES TRAVAILLÉES PENDANT LE CYCLE

- Rechercher le gain de l'affrontement par des choix tactiques simples.
- Adapter son jeu et ses actions aux adversaires et à ses partenaires.
- Coordonner des actions motrices simples.
- Se reconnaitre attaquant / défenseur.
- Coopérer pour attaquer et défendre.
- Accepter de tenir des rôles simples d'arbitre et d'observateur.
- S'informer pour agir.

EXEMPLES DE SITUATIONS, D'ACTIVITÉS ET DE RESSOURCES POUR L'ÉLÈVE

Jeux traditionnels plus complexes (thèque, béret, balle au capitaine, poules-vipères- renards, etc.), jeux collectifs avec ou sans ballon et jeux pré-sportifs collectifs (type handball, basket-ball, football, rugby, volley-ball...), jeux de combats (de préhension), jeux de raquettes (badminton, tennis).

REPÈRES DE PROGRESSIVITÉ

Tout au long du cycle, la pratique d'activités collectives doit amener l'élève à se reconnaitre comme attaquant ou défenseur, développer des stratégies, identifier et remplir des rôles et des statuts différents dans les jeux vécus et respecter les règles. Au cours du cycle, l'élève affronte seul un adversaire afin d'obtenir le gain du jeu, de développer des stratégies comme attaquant ou comme défenseur et de comprendre qu'il faut attaquer tout en se défendant (réversibilité des situations vécues).

• S'exprimer devant les autres par une prestation artistique et/ou acrobatique

Réaliser en petits groupes deux séquences: une à visée acrobatique destinée à être jugée, une autre à visée artistique destinée à être appréciée et à émouvoir.

Savoir filmer une prestation pour la revoir et la faire évoluer.

Respecter les prestations des autres et accepter de se produire devant les autres.

COMPÉTENCES TRAVAILLÉES PENDANT LE CYCLE

- Utiliser le pouvoir expressif du corps de différentes façons.
- Enrichir son répertoire d'actions afin de communiquer une intention ou une émotion.
- S'engager dans des actions artistiques ou acrobatiques destinées à être présentées aux autres en maitrisant les risques et ses émotions.
- Mobiliser son imaginaire pour créer du sens et de l'émotion, dans des prestations collectives.

EXEMPLES DE SITUATIONS, D'ACTIVITÉS ET DE RESSOURCES POUR L'ÉLÈVE

Danses collectives, activités gymniques, arts du cirque, danse de création.

REPÈRES DE PROGRESSIVITÉ

Les activités artistiques et acrobatiques peuvent être organisées sur chacune des 3 années du cycle, en exploitant les ressources et les manifestations sportives locales.

Exemple de programme de travail annuel

PÉRIODES	RENTRÉE - TOUSSAINT	TOUSSAINT - NOËL	NOËL - FÉVRIER	FÉVRIER - PÂQUES	PÂQUES - ÉTÉ
Produire une performance optimale, mesurable à une échéance donnée	Activités athlétiques Courses de vitesse Courses d'obstacles				Activités athlétiques Sauts Lancers
Adapter ses déplacements à des environnements variés	Orientation		Patinage		Vélo
Conduire et maitriser un affrontement collectif ou interindividuel		Jeux sportifs collectifs	Badminton	Jeux de lutte	
S'exprimer devant les autres par une prestation artistique et/ou acrobatique		Danse		Gymnastique ou gymnastique rythmique	Danse

PROGRAMMATION DE CLASSE

	RENTRÉE - TOUSSAINT	TOUSSAINT - NOËL	NOËL - HIVER	HIVER - PRINTEMPS	PRINTEMPS - ÉTÉ
CHAMP D'APPRENTISSAGE 1 **Produire une performance optimale, mesurable à une échéance donnée** Activités athlétiques (courses, sauts, lancers) Natation (cycle 3)					
CHAMP D'APPRENTISSAGE 2 **Adapter ses déplacements à des environnements variés** Activités d'orientation Activités de roule et de glisse Activités nautiques Activités aquatiques (Cycle 2) Vers les activités gymniques Activités d'escalade					
CHAMP D'APPRENTISSAGE 3 **Conduire et maitriser un affrontement collectif ou interindividuel** Jeux de lutte Jeux de raquettes Jeux sportifs collectifs (type handball, basket-ball, football, rugby, volley-ball...)					
CHAMP D'APPRENTISSAGE 4 **S'exprimer devant les autres par une prestation artistique et/ou acrobatique** Danse Activités gymniques Accro sport Arts du cirque Natation synchronisée					

Inventaire des ressources EPS

INSTALLATIONS EXISTANTES		
DANS L'ÉCOLE	Cour de récréation aménagée pour l'EPS	
	Cour de récréation non aménagée	
	Salle polyvalente	
	Salle de classe vide	
	Salle de classe aménagée pour l'EPS	
	Préau aménagé pour l'EPS	
	Préau non aménagé	
	Plateau EPS	
À L'EXTÉRIEUR DE L'ÉCOLE	Salle municipale	
	Salle des fêtes	
	Salle spécialisée judo	
	Salle spécialisée gym	
	Salle spécialisée danse	
	Stade — terrain de football	
	terrain de basket-ball	
	terrain de handball	
	terrain de rugby	
	sautoir en hauteur	
	sautoir en longueur	
	piste d'athlétisme	
	aires de lancer	
	Piscine	
	Patinoire	
	Skate park	
	Parcours d'orientation	
	Base nautique — voile	
	canoë-kayak	
	Site d'escalade	
	Bois, parc	
	Parcours d'orientation	
	Centre équestre	
	Terrain engazonné	
	Courts de tennis	
	Pistes de ski	

MATÉRIEL DISPONIBLE		
MATÉRIEL INDISPENSABLE	Ballons	
	Balles	
	Cerceaux	
	Anneaux	
	Sacs de graines	
	Chasubles	
	Foulards	
	Cônes de balisage	
	Plots	
	Cordes	
	Rubans	
MATÉRIEL SPORTIF DE BASE	Balles lestées	
	Médecine ball	
	Frisbees	
	Crosses de hockey	
	Raquettes de badminton	
	Raquettes de tennis	
GROS MATÉRIEL	Tapis de gym	
	Plinths	
	Poutres	
	Barres	
	Plans inclinés	
	Tapis de réception	
	Tremplins de type Reuther	
	Mini trampolines	
	Rollers	
	Trottinettes	
	Vélos	
	Skis	
MATÉRIEL ENSEIGNANT	Sifflets	
	Chronomètres	
	Tambourins, percussions	
	Décamètres, odomètres	
	Lecteurs CD	
DOCUMENTATION	Livres	
	Revues	
	Vidéos	

NOS PROPOSITIONS

Les ambitions

Pratiquer l'EPS cycle 3 propose des contenus permettant à chaque enseignant de mettre en œuvre les quatre champs d'apprentissage pendant l'année scolaire.

Champ d'apprentissage 1
Produire une performance optimale, mesurable à une échéance donnée
athlétisme : courses, sauts, lancers.

Champ d'apprentissage 2
Adapter ses déplacements à des environnements variés
orientation, patinage, vélo.

Champ d'apprentissage 3
Conduire et maitriser un affrontement collectif ou interindividuel
jeux sportifs collectifs, jeux de lutte, badminton.

Champ d'apprentissage 4
S'exprimer devant les autres par une prestation artistique et/ou acrobatique
danse, gymnastique, gymnastique rythmique.

Le conseil de cycle pourra élaborer à partir de ces propositions une programmation pluriannuelle des activités en tenant compte des ressources et des contraintes locales (les lieux d'activités, les installations sportives, les compétences du maitre, les compétences et possibilités d'interventions de partenaires...).

À partir de cette programmation, chaque enseignant pourra organiser un programme de travail annuel.

La progression

Chaque chapitre est présenté sous la forme d'une séquence d'apprentissage. Chaque unité d'apprentissage est un ensemble structuré de manière cohérente qui comporte diverses situations.

Une entrée dans l'activité. Il s'agit de situations ouvertes, ludiques. Elles permettent d'engager l'enfant dans une approche globale de l'activité proposée.

Des situations diagnostiques dont l'objet est de situer le niveau d'habileté ou de capacités motrices de chaque enfant ou du groupe classe. Elles permettent d'orienter les élèves vers des situations répondant à leur possibilité du moment.

Des situations d'apprentissage. Ces situations sont graduées au niveau de la difficulté ; elles visent l'acquisition de savoirs spécifiques. L'ordre dans lequel elles sont présentées n'est qu'indicatif. Elles supposent un vécu minimum dans l'activité. L'enseignant d'une classe ayant peu ou jamais pratiqué une activité commencera par des situations du cycle précédent (voir Vivre l'EPS 6 à 8 ans).

Des situations d'évaluation. L'objectif est de *mesurer* les compétences en fin de cycle. Elles permettent également d'évaluer la plus-value obtenue durant cette séquence (les acquisitions motrices).

Pour chaque activité apparaissent

- les objectifs spécifiques clairement énoncés à l'infinitif,
- les situations illustrées avec le plus de précisions possible,
- le matériel utilisé,
- les consignes formulées à l'impératif en termes de tâches à réaliser par les enfants : lance, attrape, échange, pousse... Elles sont courtes, précises et adaptées à l'activité pratiquée.
- les variantes,
- les comportements observés (pour l'entrée dans l'activité et les situations diagnostiques) notifiés sous forme de questions. Celles-ci permettent de savoir si l'élève possède les préalables requis pour pouvoir s'engager dans l'unité d'apprentissage.
- les comportements recherchés (pour les situations d'apprentissages) déterminent un degré de maitrise supérieur dans l'activité.

Organisation matérielle

Différentes formes d'organisation seront utilisées en alternance. L'enseignant veillera à ce qu'elles soient adaptées aux comportements recherchés et au degré de maturité de ses élèves pour les amener à acquérir des habitudes de travail en respectant l'organisation sociale et le dispositif matériel.

FORMES DE TRAVAIL	PRINCIPES	AVANTAGES	INCONVÉNIENTS
Dispersion	Tous les enfants ensemble dans un espace délimité avec la même tâche découvrent, essayent, réinvestissent des acquis.	Tous les enfants en action en même temps et autonomes. Temps d'activité de tous les enfants adapté à une étape de découverte.	Observation et intervention individualisées difficiles. Consignes difficiles à faire passer. Éparpillement des élèves.
Colonnes	Tous les enfants ensemble avec la même tâche réinvestissent des acquis.	Sécurité : vision de tous les élèves dans le même espace. Observation et Interventions individualisées facilitées.	Attente souvent importante. Pas d'autonomie des élèves. Peu adapté pour une étape de découverte. Nécessite une organisation matérielle rigoureuse (action retour, attente).
Vagues	Tous les enfants ensemble avec la même tâche réinvestissent des acquis.	Sécurité : vision de tous les élèves dans le même espace. Observation et interventions individualisées facilitées.	Attente souvent importante. Pas d'autonomie des élèves. Peu adapté pour une étape de découverte. Organisation matérielle rigoureuse (action, retour, attente).
Parcours unique	Succession de plusieurs actions différentes.	Production d'actions variées à enchainer. Répétitions d'actions. Facilite l'évaluation des acquis.	Attente souvent longue. Bouchons fréquents. Interventions de l'enseignant difficiles. Niveaux différents non pris en compte.
Parcours parallèles identiques	Succession d'actions sur un même thème.	Augmentation du temps d'activité (réduction des temps d'attente). Facilite l'évaluation des acquis.	Nécessite de gérer plusieurs espaces distincts. Quantité de matériel utilisé. Observation et intervention individualisées difficiles.
Parcours parallèles avec des niveaux de réalisation différents	Prise en compte des différents niveaux. Progressivité possible.	L'enfant peut choisir selon son niveau. Facilite l'évaluation des acquis.	Nécessite de gérer plusieurs espaces distincts. Quantité de matériel utilisé. Observation et intervention individualisées difficiles.
Ateliers différents avec rotation des groupes	Responsabilisation et apprentissage de l'autonomie. Permet de travailler un objectif spécifique.	Quantité et répétition d'actions. Temps d'action important.	Mise en place et gestion plus difficiles (selon le nombre d'ateliers). Observation et intervention individualisées difficiles sur plusieurs ateliers.
Ateliers avec niveaux de réalisation différents	Responsabilisation et apprentissage de l'autonomie. Permet de travailler un objectif spécifique. Prise en compte des différents niveaux. Progressivité possible.	Quantité et répétition d'actions. Temps d'action important. Différenciation pédagogique.	Mise en place et gestion plus difficiles en fonction du nombre d'ateliers. Observation et intervention individualisées difficiles sur plusieurs ateliers.
Jeux	Découvrent, essayent, réinvestissent des acquis.	Quantité d'actions. Dédoublement de situation possible. Différenciation possible. Se décentrer de la tâche motrice. Motivation des enfants et notion de plaisir.	Choix de jeux adaptés à l'activité natation, au niveau des élèves et aux objectifs. Mise en place et gestion des situations (personne ressource, arbitre, parent agréé ou élève).

CROISEMENTS ENTRE ENSEIGNEMENTS

L'éducation physique et sportive offre de nombreuses situations permettant aux élèves de pratiquer le langage oral. Ils sont ainsi amenés à utiliser un vocabulaire adapté, spécifique pour décrire les actions réalisées par un camarade et eux-mêmes, pour organiser leur activité ou celle d'un camarade et pour exprimer les émotions ressenties. Ils développent aussi des compétences de communication en pratiquant un langage dans un genre codifié (par exemple, restituer une observation faite à partir de critères précis face à un collectif ou un individu).

En articulant le concret et l'abstrait, les activités physiques et sportives donnent du sens à des notions mathématiques (échelle, distance...). Les élèves peuvent aussi utiliser différents modes de représentation (chiffres, graphiques, tableaux) pour rendre compte des performances réalisées, de leur évolution et les comparer (exemples : graphique pour rendre compte de l'évolution de ses performances au cours du cycle, tableau ou graphique pour comparer les performances de plusieurs élèves).

Les parcours ou courses d'orientation sont l'occasion de mettre en pratique les activités de repérage ou de déplacement (sur un plan, une carte) travaillées en mathématiques et en géographie.

En lien avec l'enseignement des sciences, l'éducation physique et sportive participe à l'éducation à la santé (besoins en énergie, fonctionnement des muscles et des articulations...) et à la sécurité (connaissance des gestes de premiers secours, des règles élémentaires de sécurité routière...).

En articulation avec l'enseignement moral et civique, les activités de cet enseignement créent les conditions d'apprentissage de comportements citoyens pour respecter les autres, refuser les discriminations, regarder avec bienveillance la prestation de camarades, développer de l'empathie, exprimer et reconnaitre les émotions, reconnaitre et accepter les différences et participer à l'organisation de rencontres sportives.

Une langue vivante étrangère ou régionale peut être utilisée par exemple, pour donner les consignes de jeu, pour commenter une rencontre, comme langue de présentation d'un spectacle acrobatique.

EPS ET PROLONGEMENTS

Un exemple avec la danse

Pour inscrire l'activité dans une démarche de projet avec la classe

Programmer la présentation de la danse et/ou s'inscrire à une rencontre inter-écoles :

- choisir le lieu, la date, le public,
- élaborer les modalités d'organisation,
- décider des moyens techniques et matériels nécessaires,
- définir et répartir les tâches,
- planifier les apprentissages.

Vers des compétences transversales

- Prévoir des moments de recherche et de choix en petits groupes pour favoriser les échanges, discussions, argumentations entre élèves puis présentation à la classe.
- Utiliser la vidéo pour permettre aux élèves d'apprécier, juger, évaluer leur prestation et celle des autres.
- Insister sur des attitudes d'écoute, d'aide, de tolérance, de respect.
- S'appuyer sur la pratique pour aller vers une ouverture culturelle : spectacles vivants, vidéos.

Vers la maitrise de la langue

Acquérir le vocabulaire spécifique à l'activité. Utiliser ce vocabulaire à bon escient (pour décrire une activité, rendre compte d'un évènement, analyser une performance, exprimer une proposition).

Réaliser des cahiers individuels, des affiches, un classeur collectif en y consignant

- les danses créées (danse des journaux, des boites, du brin de laine...) sous forme de bande dessinée, de textes, de photos...
- les documents sur la danse collectés à la BCD, sur internet...

Réaliser les lettres de réservation, d'invitation, les programmes de la présentation au public...

Lire des présentations d'œuvres, des portraits d'artistes, des plaquettes de spectacles.

En liaison avec d'autres disciplines

Musique : écouter, analyser, apprécier, choisir des musiques variées, produire des supports sonores.

Arts plastiques : utiliser différents matériaux et techniques pour réaliser accessoires, costumes, décors, programmes, affiches.

Histoire : l'évolution de la danse, le contexte historique, les fonctions sociales de la danse...

Nouvelles technologies : recherche d'informations sur internet, utilisation de l'ordinateur pour rédiger lettres, comptes rendus, programmes...

Sciences : connaitre son corps (squelette, articulations, muscles, respiration).

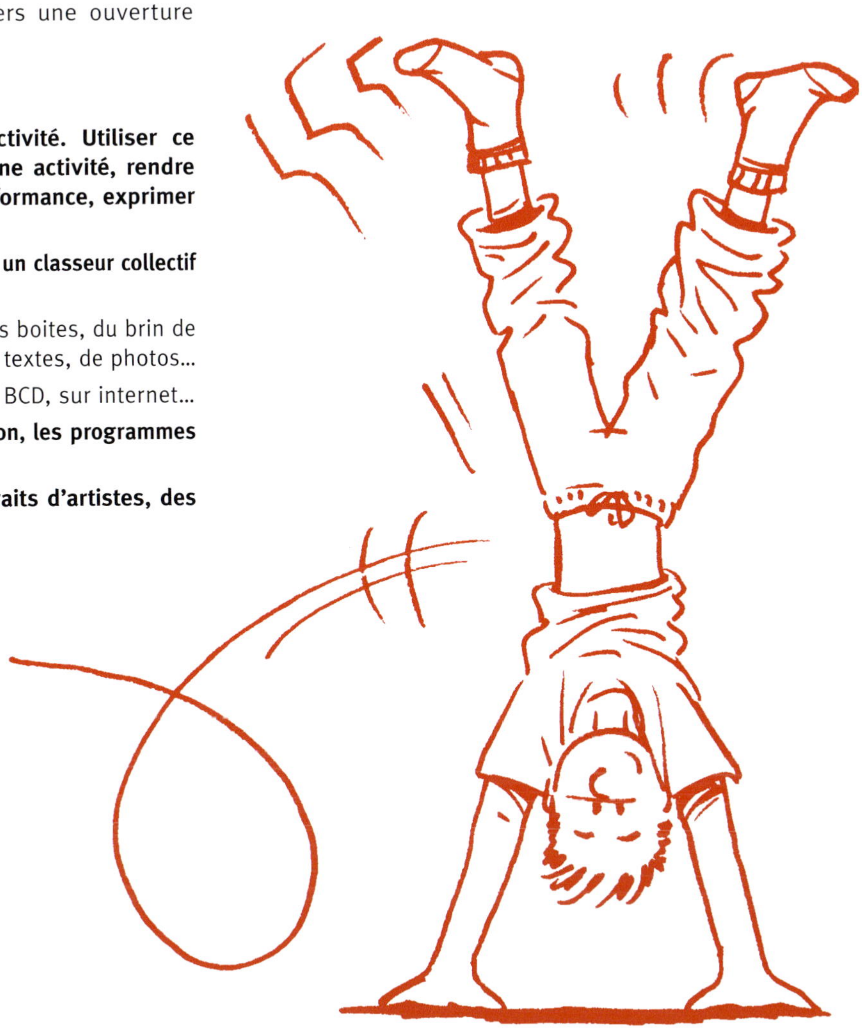

DU MATÉRIEL ADAPTÉ AUX ACTIVITÉS

PETIT MATÉRIEL EPS CONSEILLÉ POUR LE CYCLE 3

QUANTITÉ	MATÉRIEL	CARACTÉRISTIQUES	PRIX APPROXIMATIF
15	**Ballons**	multi-jeux diamètre 19 cm	6€ l'unité
15	**Ballons**	football school caoutchouc	5,5€ l'unité
15	**Ballons**	handball school caoutchouc	6€ l'unité
15	**Ballons**	basket school caoutchouc	5€ l'unité
15	**Ballons**	rugby school caoutchouc	8€ l'unité
15	**Frisbees**	disques volants 125 g	4€ l'unité
30	**Raquettes**	raquettes badminton 61 cm	70€ le lot de 10
10	**Tubes de 6 volants**	volants school plastique	6€ la boite
1	**Kit badminton**	12 raquettes, 4 tubes, 8 cônes, 3 filets, 1 sac	180€
30	**Cerceaux**	plats diamètre 60 cm	4,5€ l'unité
		plats diamètre 40 cm	4€
		ronds (GR) diamètre 50 cm	3€ l'unité
15	**Cordes**	standard GR	3€ l'unité
15	**Rubans**	standard GR 4 m	6€ l'unité
15	**Balles**	standard GR 180 g	4€ l'unité
10	**Anneaux**	souples caoutchouc	4€ l'unité
5	**Anneaux**	anneaux à lancer 400 g, 25 cm	8€ l'unité
5	**Disques**	disques à lancer soft 200 g	6€ l'unité
5	**Vortex**	javelot/balle vortex 125 g	15€ l'unité
5	**Javelots**	javelots mousse 50 g	11€ l'unité
12	**Balles lestées**	balles lestées 200 g	4,5€ l'unité
5	**Médecine-ball**	2 kg	20€
10	**Balises**	balises d'orientation 15x15 cm	35€ les 10
10	**Pinces**	pinces de contrôle	40€ les 10
30	**Rollers**	rollers in line réglables	24€ la paire
30	**Protections**	jeu de protection complet	12€ le jeu
30	**Casques**	casques roller ou vélo en polyuréthane	15€ l'unité

MATÉRIEL DIVERS

QUANTITÉ	MATÉRIEL	CARACTÉRISTIQUES	PRIX APPROXIMATIF
20	**Plots**	plots multi marker 4 couleurs	29€ le lot
10	**Cônes**	multifonctions 30 cm	5€ l'unité
10	**Cônes**	multifonctions 50 cm	9€ l'unité
10	**Jalons**	PVC ronds 80 cm	2,5€ l'unité
10	**Lattes**	plates PVC 80 cm	2€ l'unité
5	**Constri-foot**	socles, jalons, rotules	130€ les 5
3	**Haies**	haies souples 30/40 cm	45€ les 3
2	**Kit mini-hand**	2 buts, 10 ballons, 10 chasubles, 1 sac	198€ le kit
30	**Chasubles**	de jeux pour distinguer les équipes	6€ l'unité
30	**Foulards**	foulards de jeux 80x55x55 cm	3€ l'unité
1	**Gonfleur - compresseur**	électrique spécial ballons	99€
1	**Pompe à pied**	spécial ballons	25€
1	**Ruban de mesure**	30 m	25€
	Chronomètre	Six fonctions	10€
	Sifflet	plastique avec ruban	3€

GROS MATÉRIEL EPS CONSEILLÉ POUR LE CYCLE 3

QUANTITÉ	MATÉRIEL	CARACTÉRISTIQUES	PRIX APPROXIMATIF	
12	**Tapis de gym**	avec pattes de fixation 3 cm d'épaisseur	260 €	le lot 3 tapis
2	**Matelas de sécurité**	20 cm d'épaisseur	220 €	l'unité
2	**Plans inclinés**	mousse	160 €	l'unité
1	**Module rectangle**	mousse 140 cm, 60 cm, 60 cm	215 €	
1	**Module cylindre**	mousse 140 cm, diamètre 60 cm	212 €	
1	**Poutre**	mousse 3 m	140 €	
1	**Poutre**	bois longueur : 3 m, hauteur : 30 cm	440 €	
1	**Poutre**	bois hauteur : 50 cm	420 €	
1	**Barres parallèles**	primagym	372 €	
1	**Barre fixe**	primagym	446 €	
2	**Bancs suédois**	3 m	230 €	l'unité
1	**Kit plinth**	ensemble 6 éléments mousse	870 €	
1	**Plinth « éduc-gym »**	bois longueur : 160 cm, hauteur : 33 cm	220 €	
1	**Plinth « éduc-gym »**	bois longueur : 160 cm, hauteur : 48 cm	240 €	
1	**Plinth « éduc-gym »**	bois longueur : 160 cm, hauteur : 63 cm	270 €	
1	**Tremplin de type Reuther**	avec ressorts et roulettes	300 €	
1	**Mini trampoline**	inclinaison réglable / ressorts	420 €	

MATÉRIEL DE RANGEMENT

QUANTITÉ	MATÉRIEL	CARACTÉRISTIQUES	PRIX APPROXIMATIF	
10	**Bacs plastique de rangement**	pour le petit matériel	4 €	l'unité
1	**Filet**	pour 10 ballons	7 €	
3	**Sacs de rangement**	sacs résille (90/40/40)	15 €	l'unité
1	**Bac à ballons**	sur roulettes (20 ballons)	90 €	
1	**Tube de transport**	sur roulettes (pour jalons et lattes)	160 €	

FOURNISSEURS POSSIBLES

FOURNISSEUR	ADRESSE	CODE POSTAL - VILLE	TÉLÉPHONE	INTERNET
CASAL SPORT	ZAC Activéum 1 rue Blériot	67129 Molsheim Cedex	08 25 80 95 95	www.casalsport.com
MANUTAN COLL.	143 Bd Ampère	79074 Niort Cedex 9	05 49 34 62 00	www.manutan-collectivites.fr
IDEMA SPORT	52 rue Albert Samain	59650 Villeneuve d'Ascq	03 20 91 41 67	www.idemasport.com

ACTIVITÉS ATHLÉTIQUES
SAUTER
LANCER
COURIR

PRODUIRE UNE PERFORMANCE OPTIMALE, MESURABLE À UNE ÉCHÉANCE DONNÉE

ACTIVITÉS ATHLÉTIQUES

PRODUIRE UNE PERFORMANCE OPTIMALE, MESURABLE À UNE ÉCHÉANCE DONNÉE

OBJECTIFS	CONSIGNES
Enchainer des actions différentes	

ORGANISATION

★ Classe partagée en 2 groupes, un groupe effectue le parcours, l'autre est chargé de l'organisation (sécurité, matériel...).
★ Après 2 ou 3 passages, on intervertit les rôles.

SITUATIONS DE JEUX

Situation 1 **Parcours général en gymnase**

Matériel

Lattes, cônes, haies basses, plots, tapis de gym, cerceaux, ballons de basket-ball.

› Élan, saut vers le haut, réception sur le tapis avec le même pied.
› Course d'obstacles.
› Lancer d'adresse.
› Bondissements dans les cerceaux G-D-G-D.
› Enchainement de sauts vers l'avant (franchissement de nattes de gym).
› Slalom.
› Lancer de ballon de basket contre un mur.

Situation 2 **Parcours général sur un plateau**

Matériel

Lattes, cônes, haies basses, plots, morceaux de moquette, cerceaux, sautoir, constri-foot + élastique, balles lestées.

› Course de 30 mètres.
› Cloche-pied droit puis gauche.
› Course au dessus d'obstacles.
› Saut en longueur.
› Slalom.
› Lancer distance (balles lestées).
› Saut en hauteur.
› Déplacement pas chassés.
› Lancer en rotation.
› Course de 15 mètres.

Parcours généraux

SITUATIONS

PARCOURS GÉNÉRAL EN GYMNASE

PARCOURS GÉNÉRAL SUR UN PLATEAU

COMPORTEMENTS

OBSERVÉS

L'enfant…

- Participe-t-il efficacement à l'activité ?
- S'engage-t-il dans l'action ?
- Enchaine-t-il les actions vite et bien ?

SAUTER

PRODUIRE UNE PERFORMANCE OPTIMALE,
MESURABLE À UNE ÉCHÉANCE DONNÉE

OBJECTIFS

Sauter haut

Sauter loin

Enchainer des sauts

CONSIGNES

SITUATIONS EN ATELIERS

Situation 1 **Sauter haut**

Matériel

Sautoir : matelas, tapis, sable, poteaux de saut, élastique.
Zones d'impulsions matérialisées devant l'élastique : rectangles de moquette 60x40 centimètres, de 2 couleurs différentes (dessous antidérapant), traçage à la craie...
Zones d'élan : environ 10 mètres.

Organisation

2 essais par hauteur - continuer jusqu'à l'échec.
Hauteur de départ : CM : 70 centimètres, 6e : 80 centimètres ; monter de 5 en 5 centimètres.
Après échec, l'enfant repère la hauteur correspondant à sa dernière réussite.

› Annonce ton pied d'appel (relever la jambe de pantalon ou baisser la chaussette de la jambe correspondante).
› Place-toi sur le côté adapté du sautoir.
› Enchaine course d'élan et saut.

Situation 2 **Sauter loin**

Matériel

Sautoir : planche d'appel, marque au sol, sable.
Marquages : traces dans le sable, rubans, élastiques, placés à 1 mètre, 1,50 mètre, 2 mètres, 2,50 mètres.
Zone d'élan : environ 15 mètres.

› Annonce ton pied d'appel (relever la jambe de pantalon ou baisser la chaussette de la jambe correspondante).
› Place ta jambe d'appel en avant dès le départ de la course d'élan.
› Enchaine course d'élan et saut.
› Saute le plus loin possible.

Situation 3 **Enchainer des sauts**

Matériel

Gymnase, terrain de football, piste de course (pas de sautoir).
Zone d'élan : environ 5 mètres.
Zone d'impulsion : 30 centimètres.

› Effectue 5 impulsions successives (foulées bondissantes) pour aller le plus loin possible.
› Place la 1re impulsion dans la zone, sans la dépasser.
› Enchaine une course après le 5e bond.

Diagnostic

SITUATIONS | **COMPORTEMENTS OBSERVÉS**

SAUTER HAUT

L'enfant...

- Se place-t-il du bon côté du sautoir (à droite pour le pied d'appel gauche, à gauche pour le pied d'appel droit) ?
- Respecte-t-il le pied d'appel annoncé ?
- Garde-t-il le genou libre *fixé* en l'air ?

L'enfant...

- Se réceptionne-t-il sur la jambe libre ?
- Se réceptionne-t-il de manière équilibrée ?
- Se réceptionne-t-il sans retomber en arrière ?

SAUTER LOIN

L'enfant...

- Respecte-t-il le pied d'appel annoncé ?
- Garde-t-il le genou libre *fixé* en l'air ?
- Piétine-t-il devant le sautoir ?
- A-t-il une trajectoire orientée vers le haut ?
- Se réceptionne-t-il sans retomber en arrière ?

ENCHAINER DES SAUTS

L'enfant...

- Effectue-t-il des sauts réguliers ?
- Garde-t-il le genou libre *fixé* en l'air ?

SAUTER

PRODUIRE UNE PERFORMANCE OPTIMALE, MESURABLE À UNE ÉCHÉANCE DONNÉE

OBJECTIFS	CONSIGNES

OBJECTIFS

Enchainer course d'élan et impulsion

Étalonner sa course d'élan

Améliorer sa suspension

Se réceptionner

CONSIGNES

Remarque les situations proposées sont celles du saut en ciseaux.

SITUATIONS EN ATELIERS

Atelier 1 Trouver son pied d'appel

Matériel
Sautoir : matelas, tapis, sable - poteaux de saut, élastique.
Grands cônes (40 ou 65 centimètres), lattes (1 mètre), carrés de moquette (2 couleurs).

Organisation
Hauteur de l'élastique : 60 centimètres.
Distance obstacle/obstacle et dernier obstacle/sautoir : 5 à 6 mètres.
L'impulsion se prend toujours près du premier cône et du premier poteau.

› Cours, saute en ciseaux par-dessus les lattes puis l'élastique du sautoir :
du côté gauche du sautoir, ton pied d'appel est le droit ;
du côté droit du sautoir, ton pied d'appel est le gauche.

› Refais plusieurs fois de chaque côté.

› Choisis le côté où tu es le plus à l'aise et refais plusieurs essais.

Atelier 2 Course et impulsion

Matériel
Terrain de football, piste de course (pas de sautoir).
Grands cônes, lattes.

› Sur ton côté d'appel, accélère et saute en ciseaux, retombe les pieds joints et le corps droit.

› Recommence sur la latte suivante.

Atelier 3 Étalonner sa course d'élan

Matériel
Sautoir : matelas, tapis, sable, poteaux de saut, élastique.
Cônes (« portes » de départ de prise d'élan).
Tête de plinth, Reuther, caissette (hauteur : 10 centimètres) devant l'élastique

› Cours, accélère à partir des plots, saute en prenant l'appel sur l'élément.

VARIANTE

▶ Reprendre la même situation sans l'élément d'appui.

Sauter haut

SITUATIONS	COMPORTEMENTS RECHERCHÉS

TROUVER SON PIED D'APPEL

Garder toujours le même pied d'appel

Franchir l'obstacle de profil

COURSE ET IMPULSION

Monter la tête le plus haut possible (élévation du centre de gravité)

Retomber juste derrière l'obstacle

ÉTALONNER SA COURSE D'ÉLAN

Monter le genou libre et les bras pour « s'alléger » (trajectoire vers le haut et vers l'avant)

SAUTER

PRODUIRE UNE PERFORMANCE OPTIMALE, MESURABLE À UNE ÉCHÉANCE DONNÉE

OBJECTIFS	CONSIGNES

SITUATIONS EN ATELIERS

Atelier 1 Enchainer course et impulsion

Objectif : Enchainer course d'élan et impulsion

Matériel

Tapis, lattes. Les obstacles mesurent entre 1 mètre et 2 mètres de large, les zones de course entre les obstacles mesurent de 5 à 6 mètres.

› Cours, accélère, prends une impulsion et atterris sur la jambe opposée le plus loin possible après l'obstacle.

› Continue à courir pour recommencer sur l'obstacle suivant.

VARIANTE

▸ Disposer les tapis dans le sens de la longueur.

Atelier 2 Étalonner sa course d'élan

Objectif : Étalonner sa course d'élan

Matériel

Sautoir, tapis mousse, plots de différentes couleurs espacés de 30 centimètres, à 15 mètres de la planche d'appel.

› Trouve le point de départ de ta course d'élan.

› Annonce ton pied d'appel (relever la jambe de pantalon ou baisser la chaussette de la jambe correspondante).

› Place ta jambe d'appel en avant dès le départ de la course d'élan.

› Cours en accélérant et saute le plus loin possible.
Si ton saut est mordu ou si tu as piétiné, recule ton départ d'un plot.
Si ton appel est situé avant la planche, avance ton départ d'un plot.

Atelier 3 Augmenter le temps de suspension

Objectif : Améliorer sa suspension

Matériel

Tapis, zone de réception tracée au sol, sautoir, tête de plinth, caissette (hauteur ≤ 10 centimètres), une caissette (ou 2 plots et une latte) disposée à 1 mètre du plinth (hauteur 30 centimètres).
Zones d'élan de 8 à 10 mètres.

› Cours, accélère, prends ton impulsion sur l'élément pour atterrir le plus loin possible sur la jambe opposée.

› Continue à courir pour recommencer au sautoir suivant.

Atelier 4 Sauter le plus loin

Objectif : Se réceptionner

Matériel

Sautoir, tapis mousse, zone d'élan limitée à 5 mètres.

› Cours puis saute le plus loin possible, en atterrissant sur les 2 pieds.

VARIANTES

▸ Départ à 2 pieds.

▸ Départ sur le pied d'appel.

Sauter loin

SITUATIONS | **COMPORTEMENTS RECHERCHÉS**

ENCHAINER COURSE ET IMPULSION

Accélérer la course d'élan

Lancer le genou libre
vers l'avant et vers le haut

ÉTALONNER SA COURSE D'ÉLAN

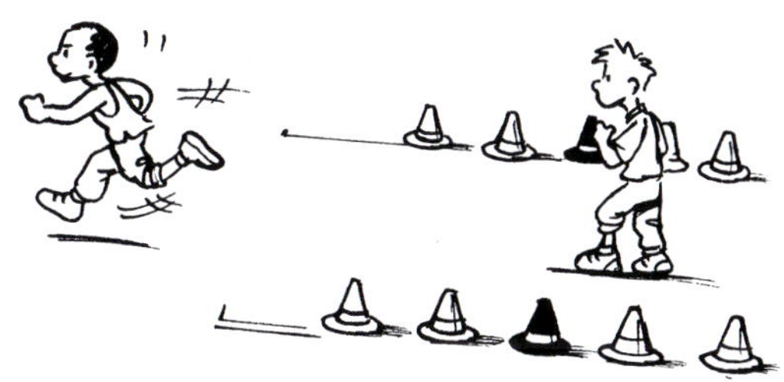

Accélérer la course d'élan

Prendre l'impulsion sur
la planche sans piétiner

Stabiliser
le point de départ
en réussissant plusieurs
fois du même plot

AUGMENTER LE TEMPS DE SUSPENSION

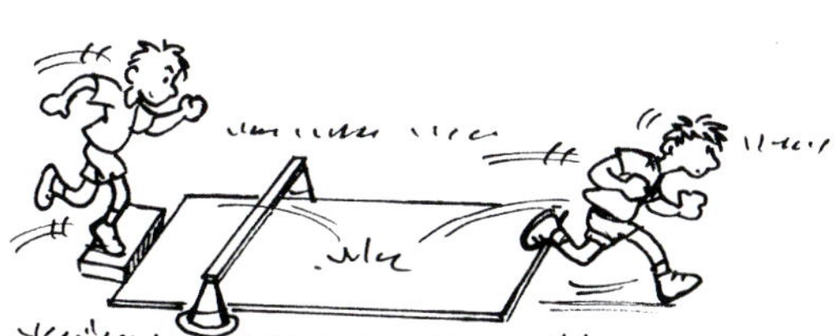

Enchainer la course
après la réception

SAUTER LE PLUS LOIN

Sauter
le plus loin possible

S'amortir sur les 2 jambes
simultanément
et s'équilibrer vers l'avant

Toucher le sol
devant soi avec les mains
à la réception

SAUTER

PRODUIRE UNE PERFORMANCE OPTIMALE,
MESURABLE À UNE ÉCHÉANCE DONNÉE

OBJECTIFS	CONSIGNES
	Remarque pour toutes les situations: pas d'arrêt après la 5e impulsion, enchainer une course pour terminer.
Enchainer des impulsions de même qualité	**SITUATIONS EN ATELIERS** Atelier 1 **Enchainer des impulsions** **Matériel** Gymnase, terrain de foot, piste de course (pas de sautoir). Plusieurs groupes de 5 plaques de moquette (2 couleurs) espacées de 0,7 à 1,5 mètre. Distance entre les groupes de plaques: 5 mètres. Zone d'élan: 5 mètres. › Cours, enchaine les bonds et recommence sur les plaques suivantes. › Enchaine une course pour terminer.
Augmenter le temps de suspension	Atelier 2 **Augmenter le temps de suspension** **Matériel** Gymnase, terrain de foot, piste de course (pas de sautoir). 4 couloirs de 5 plaques de moquette (2 couleurs) espacées de 0,8 mètre au couloir A, ... de 1,40 mètre au couloir D. Zone d'élan: 5 mètres maximum - planche d'appel. › Cours, enchaine les bonds d'une plaque à l'autre dans le couloir A. › Si tu as réussi plusieurs fois, passe dans le couloir B (et ainsi de suite).
Garder une vitesse et une cadence régulières pour les 5 bonds	Atelier 3 **Aller plus loin en multibonds** **Matériel** Gymnase, terrain de foot, piste de course (pas de sautoir). Plusieurs couloirs avec planche d'impulsion et zones matérialisées à 8, 9, 10 et 11 mètres. Zone d'élan: 5 mètres maximum. › Cours et à partir de la planche d'impulsion, enchaine 5 bonds en essayant d'aller le plus loin possible. › Continue de courir après le dernier bond.

Multibond

SITUATIONS

COMPORTEMENTS RECHERCHÉS

ENCHAINER DES IMPULSIONS

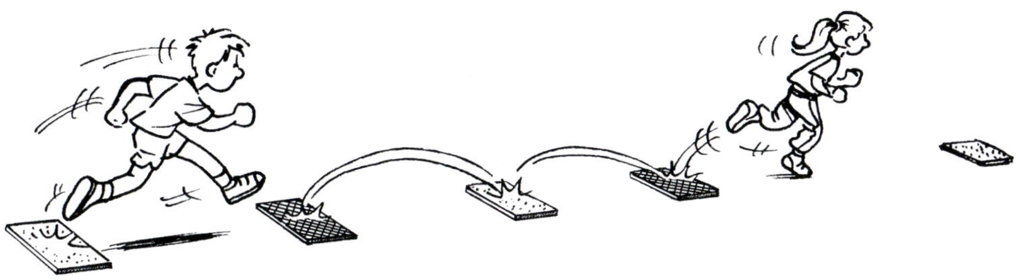

Garder la vitesse sur les bonds

Garder une trajectoire rasante

Rester grand et équilibré pour enchainer les bonds

AUGMENTER LE TEMPS DE SUSPENSION

Utiliser les bras et la jambe libre pour se propulser vers l'avant

Avoir une réception « active » (ressort) sur chaque plaque

ALLER PLUS LOIN EN MULTIBONDS

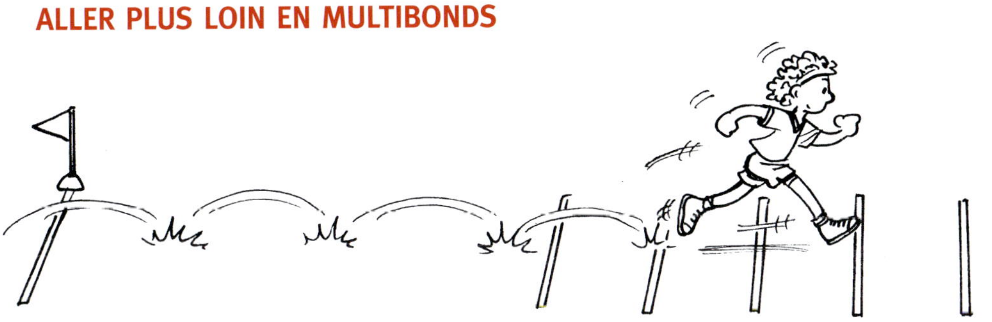

Effectuer des bonds réguliers

SAUTER

PRODUIRE UNE PERFORMANCE OPTIMALE,
MESURABLE À UNE ÉCHÉANCE DONNÉE

OBJECTIFS	CONSIGNES

SITUATIONS EN ATELIERS

Enchainer des impulsions
- sur le même pied
- d'un pied, de l'autre

Atelier 1 **À cloche-pied**

Matériel

Gymnase, terrain de foot, piste de course (pas de sautoir).
Plaques de moquette (1 couleur).
On peut prévoir plusieurs couloirs parallèles avec des distances entre plaques plus ou moins grandes (0,7 à 1,50 mètre), selon le niveau des enfants, en gardant toujours des zones de course intermédiaires de 5 à 6 mètres.

› Cours, effectue un saut à cloche-pied droit sur les plaques, cours et recommence sur les plaques suivantes.

› Recommence en effectuant des sauts à cloche-pied gauche.

Mémoriser et réaliser la structure rythmique du saut

Atelier 2 **À cloche-pied et en bond**

Matériel

Gymnase, terrain de foot, piste de course (pas de sautoir).
Plaques de moquette (2 couleurs).
Proposer plusieurs couloirs parallèles avec des distances différentes entre les plaques.

› Cours, enchaine un saut à cloche-pied droit et une foulée bondissante. Cours et recommence sur les plaques suivantes.

› Recommence en effectuant des sauts à cloche-pied gauche.

› Choisis l'enchainement où tu es le plus à l'aise.

› Recommence en effectuant tes sauts dans le couloir vide (planche d'appel matérialisée).

Garder une force d'impulsion constante

Atelier 3 **Vers le triple saut**

Matériel

Sautoir (sable bien ameubli, balai, râteau).
Marques au sol pour les planches d'appel.
Zone d'élan : 5 à 6 mètres – zone d'impulsion de 30 centimètres.
Distance entre appel et sautoir : 5 à 7,5 m suivant les possibilités des enfants

› Cours, enchaine un saut à cloche-pied, une foulée bondissante et une réception à 2 pieds dans le sautoir.

Triple saut

SITUATIONS | **COMPORTEMENTS RECHERCHÉS**

À CLOCHE-PIED

Prendre de la vitesse sur les sauts à cloche-pied

Garder une trajectoire rasante

Rester grand et équilibré lors de chaque réception (ne pas s'écraser)

À CLOCHE-PIED ET EN BOND

Enchainer une course après la foulée bondissante

Conserver des sauts réguliers

Utiliser les bras et la jambe libre pour se propulser vers l'avant

VERS LE TRIPLE SAUT

S'amortir sur les 2 jambes simultanément et s'équilibrer vers l'avant (toucher le sol devant soi avec les mains à la réception)

SAUTER

PRODUIRE UNE PERFORMANCE OPTIMALE, MESURABLE À UNE ÉCHÉANCE DONNÉE

OBJECTIFS | **CONSIGNES**

SITUATIONS EN ATELIERS

Sauter haut
Travailler l'alignement des bras
Augmenter la tonicité de l'impulsion

Sauter loin
Coordonner course et impulsion
Bondir avec une action des bras dans le sens du saut

Atelier 1 **Sauter haut**

› Saute par-dessus l'élastique sans le toucher.

› Saute par-dessus la barre sans la faire tomber.

	CRITÈRE 1 OUI NON	CRITÈRE 2 OUI NON	CRITÈRE 3 OUI NON	PERFORMANCE
AXEL	☐ ☐	☐ ☐	☐ ☐	
MARIE	☐ ☐	☐ ☐	☐ ☐	

Atelier 2 **Sauter loin**

› Saute pour atterrir le plus loin possible.

	CRITÈRE 1 OUI NON	CRITÈRE 2 OUI NON	CRITÈRE 3 OUI NON	PERFORMANCE
AXEL	☐ ☐	☐ ☐	☐ ☐	
MARIE	☐ ☐	☐ ☐	☐ ☐	

Enchainer des sauts : pentabond

Atelier 3 **Multibond**

› Va le plus loin possible en effectuant 5 bonds.

› Enchaine la course après le 5e bond (pas de réception sur les 2 pieds).

Enchainer des sauts : triple saut

	CRITÈRE 1 OUI NON	CRITÈRE 2 OUI NON	CRITÈRE 3 OUI NON	PERFORMANCE
AXEL	☐ ☐	☐ ☐	☐ ☐	
MARIE	☐ ☐	☐ ☐	☐ ☐	

Atelier 4 **Triple saut**

› Va le plus loin possible en effectuant un triple saut.

	CRITÈRE 1 OUI NON	CRITÈRE 2 OUI NON	CRITÈRE 3 OUI NON	CRITÈRE 3 OUI NON	PERFORMANCE
AXEL	☐ ☐	☐ ☐	☐ ☐	☐ ☐	
MARIE	☐ ☐	☐ ☐	☐ ☐	☐ ☐	

Évaluation

SITUATIONS | COMPORTEMENTS RECHERCHÉS

SAUTER HAUT

Critères
1 La course d'élan est accélérée.
2 L'enfant utilise les bras et la jambe libre pour « s'alléger » (trajectoire vers le haut et l'avant).
3 Le ciseau est effectué au sommet de la trajectoire.

SAUTER LOIN

Critères
1 La course d'élan est accélérée.
2 L'enfant utilise les bras et la jambe libre pour « s'alléger » (trajectoire vers le haut et l'avant).
3 La réception se fait vers l'avant.

MULTIBOND

Critères
1 Les sauts sont réguliers.
2 L'enfant utilise les bras et la jambe libre pour se propulser vers l'avant.
3 La vitesse est constante, voire augmentée.

TRIPLE SAUT

Critères
1 L'enfant respecte la structure du saut (cloche-foulée-réception 2 pieds).
2 Il utilise les bras et la jambe libre pour se propulser vers l'avant.
3 Les sauts sont réguliers (vitesse constante).
4 La réception se fait sur les 2 pieds.

LANCER

PRODUIRE UNE PERFORMANCE OPTIMALE, MESURABLE À UNE ÉCHÉANCE DONNÉE

OBJECTIFS

Mettre en jeu une énergie, la transmettre à un engin pour le propulser loin et/ou avec précision

CONSIGNES

MATÉRIEL

★ Balles, anneaux, cerceaux, cordelettes, vortex, volants.
★ Plots, zones.

SITUATIONS DE JEUX

Situation 1 Les objets brulants

Organisation

La classe est divisée en 2 équipes (possibilité d'organiser avec 4 équipes 2 jeux en parallèle) autant d'objets que de joueurs, 1 terrain délimité (20 mètres sur 10), une zone centrale interdite (5 mètres), 3 manches de 2 minutes.

But du jeu

À la fin de la partie, avoir moins d'objets dans son camp que l'équipe adverse.

› Au coup de sifflet, lancez vos objets dans le camp adverse, ramassez et renvoyez tout objet venant de l'autre camp. Vous pouvez chercher un objet dans la zone interdite mais devez revenir dans votre camp pour le relancer.

VARIANTES

▸ Agrandir la zone interdite
▸ Lancer par-dessus un filet ou élastique
▸ Lancer d'autres objets souples (anneaux en caoutchouc par exemple).

Situation 2 Battre les records du monde

Organisation

La classe est divisée en plusieurs équipes de 5 ou 6 joueurs, 1 anneau par équipe, 1 plot pour repérer l'impact de l'objet; chaque équipe dans un couloir; longueur du couloir 74,08 mètres (record du monde masculin du disque).

But du jeu

Battre le record du monde en faisant le moins de lancers possibles.

› À tour de rôle, lancez l'objet proposé. Après chaque lancer, marquez l'impact par un plot.

› Le deuxième joueur lance l'objet à son tour à partir du plot, sans le dépasser et ainsi de suite jusqu'au franchissement de la ligne du record du monde.

› Comptez le nombre de lancers.

VARIANTE

▸ Choisir différents records à battre, leur associer des objets à lancer et adapter la longueur du couloir.

QUELQUES RECORDS DU MONDE

Masculin

Disque 74,08 mètres, 1986, l'allemand Jürgen Schult
Poids 23,12 mètres, 1990, l'américain Randy Barnes
Marteau 86,74 mètres, 1986, l'ukrainien Yuriy Zelezny
Javelot 98,48 mètres, 1996, le tchèque Jan Zelezny

Féminin

Disque 76,80 mètres, 1988, l'allemande Gabrielle Reinsch
Poids 22,63 mètres, 1987, la soviétique Natalya Lisovskaya
Marteau 82,98 mètres, 2016, la Polonaise Anita Włodarczyk
Javelot 72,28 mètres, 2008, la tchèque Barbora Spotáková

Entrée dans l'activité

SITUATIONS | **COMPORTEMENTS OBSERVÉS**

LES OBJETS BRULANTS

L'enfant…

- Lance-t-il les différents objets de manière différente?
- Termine-t-il son geste face à la cible?
- Lance-t-il vers le haut?
- Prend-il un élan?

BATTRE LES RECORDS DU MONDE

LANCER

PRODUIRE UNE PERFORMANCE OPTIMALE, MESURABLE À UNE ÉCHÉANCE DONNÉE

OBJECTIFS

Se confronter à différents lancers

CONSIGNES

MATÉRIEL

★ Balles de tennis, balles lestées, sacs de grains, ballons de basket-ball, médecine-ball, cerceaux, anneaux, bâtons, vortex.
★ Plots, zones matérialisées.

SITUATIONS EN ATELIERS

Remarque
Ces divers ateliers permettent un choix de situations diagnostiques en fonction de l'objectif poursuivi ; ils pourront également être repris dans des situations d'évaluation lors des séances d'apprentissage.

Remarque
Par binôme, une fiche de résultat par enfant ; les 6 ateliers de lancers sont regroupés sur une zone centrale, les lancers s'effectuent vers l'extérieur, 5 objets par atelier.

› Effectue le parcours avec un camarade en respectant le sens.
› Lance 5 fois de suite à chaque atelier, ramasse tes objets après les 5 lancers.
› Complète la grille d'observation lorsque ton camarade lance.

VARIANTES

▶ Modifier la taille des zones de réception.
▶ Approcher ou éloigner la zone de lancer.
▶ Travailler en ateliers plutôt qu'en parcours.
▶ Utiliser d'autres matériels.

		Lancers réussis (1pt pour la zone 1, 2 pts pour la zone 2...)			
	PRÉNOM	ZONE 1	ZONE 2	ZONE 3	TOTAL
Lancer à bras cassé	Atelier 1				
	Atelier 2				
Lancer en rotation	Atelier 3				
	Atelier 4				
Lancer en poussant	Atelier 5				
	Atelier 6				

TOTAL	

Diagnostic

SITUATIONS

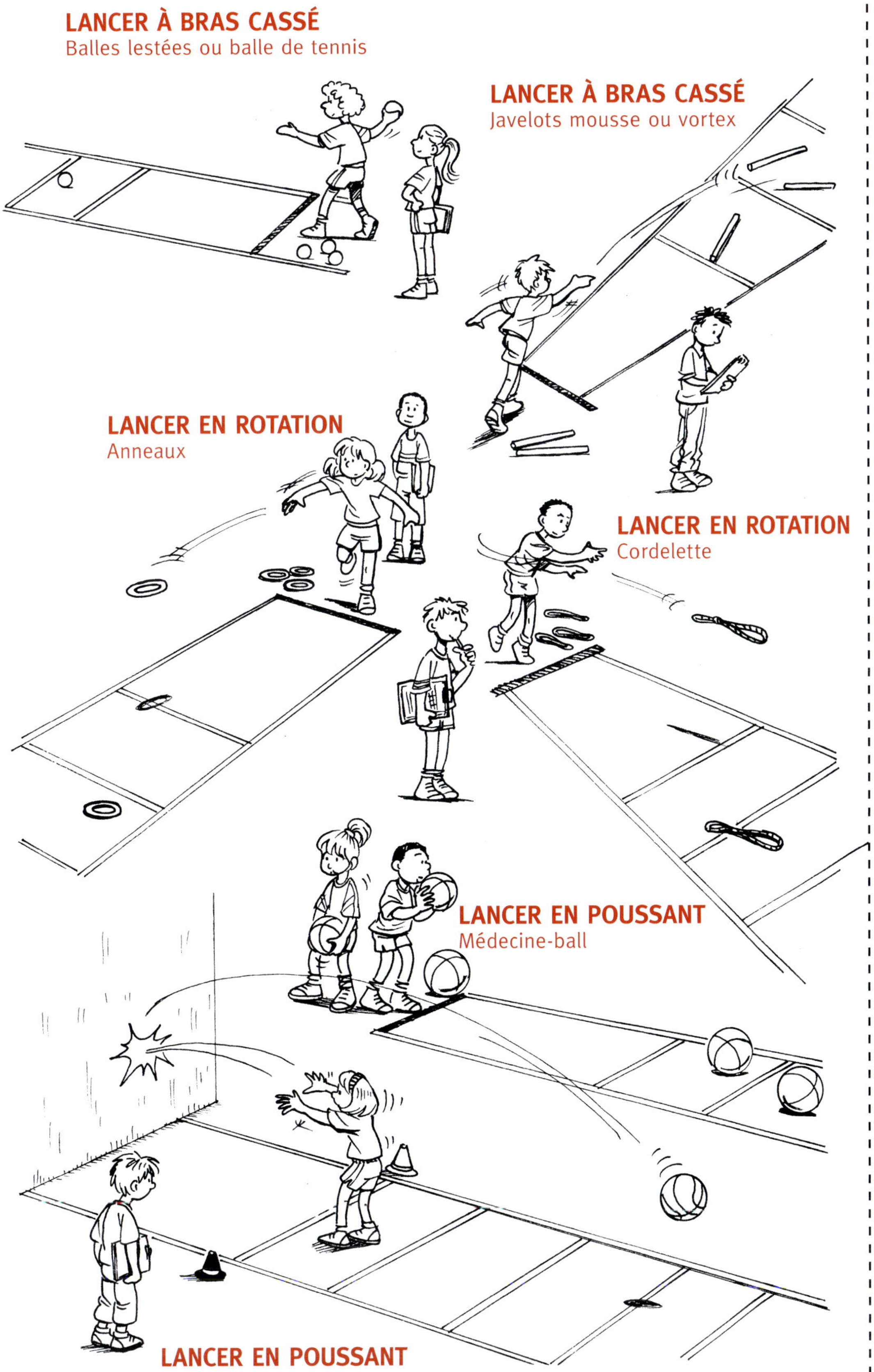

COMPORTEMENTS OBSERVÉS

L'enfant...

- Lance-t-il à bras cassé?
- A-t-il la main qui passe par-dessus la tête?
- A-t-il la jambe avant opposée au bras lanceur?

L'enfant...

- Lance-t-il en poussant?
- Finit-il face à l'aire de lancer?
- Oriente-t-il le lancer vers le haut (45°)?
- Est-il de profil?

LANCER

PRODUIRE UNE PERFORMANCE OPTIMALE,
MESURABLE À UNE ÉCHÉANCE DONNÉE

OBJECTIFS

Augmenter
la quantité d'énergie

Améliorer
le placement des appuis

Construire
des trajectoires efficaces

Augmenter
l'amplitude du geste

CONSIGNES

SITUATIONS DE JEUX

Situation 1 **Ateliers tournants (4x8 minutes)**

Matériel

Balles de tennis, balles lestées, vortex, tuyaux, bâtons...
Plots, zones délimitées, cerceaux, constri foot, élastique.

› Atelier 1
Place tes pieds dans les cerceaux.
Lance le plus fort possible la balle de tennis contre le mur (avec ou sans zone dessinée).
Essaie d'atteindre la zone derrière toi la plus éloignée.
Tu as 3 essais.

› Atelier 2
Lance par-dessus l'élastique.
Essaie d'atteindre la zone la plus éloignée.

› Atelier 3
Lance ton objet le plus loin possible.
Ton objet doit tomber dans le couloir (1 à 2 m de large).

› Atelier 4
Lance ton objet en prenant un élan. Change de zone de départ.
Recommence en choisissant la zone de départ qui te convient le mieux.

VARIANTES

▶ Rapprocher ou éloigner la zone de lancer.
▶ Lancer des objets différents.

Situation 2 **Jeu du gagne-terrain**

Matériel

Une balle de mini-hand par terrain.

Organisation

Des équipes de 3 joueurs, terrains de 45 m sur 5 divisé en 3 zones,
autant de terrains qu'il y a deux fois trois joueurs.

› Après tirage au sort une équipe engage sur la ligne d'engagement (1/3 du terrain) vers la base adverse.

› L'adversaire lance à son tour la balle à partir de l'endroit où elle est tombée vers la base adverse.

› Les 3 joueurs de l'équipe lancent à tour de rôle.

› L'équipe qui repousse l'autre derrière sa base gagne la manche (jeu en 3 manches).

Lancer loin à bras cassé

SITUATIONS	COMPORTEMENTS RECHERCHÉS

ATELIERS TOURNANTS

Atelier 1

Atelier 2

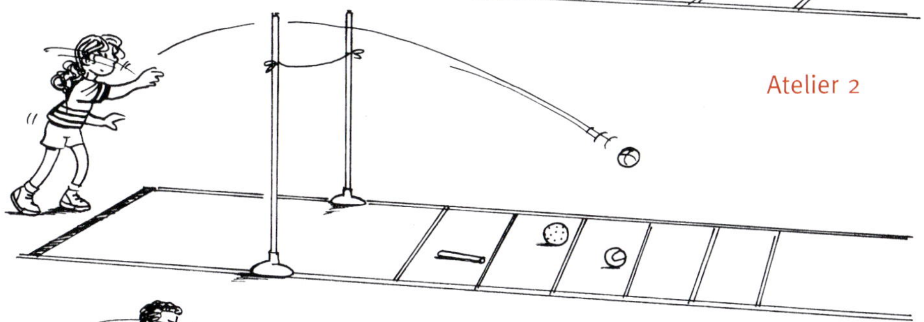

Atelier 3

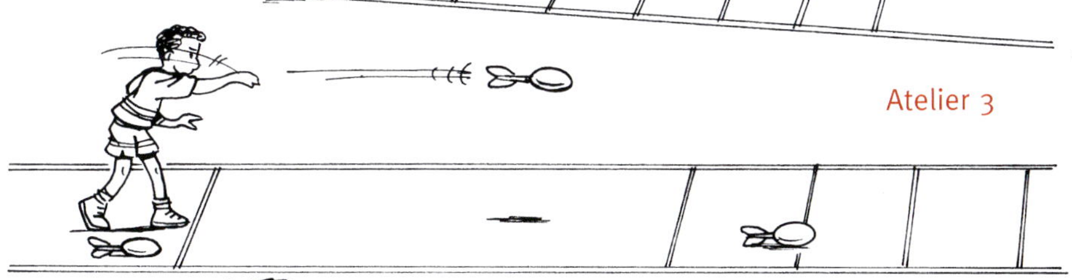

Atelier 4

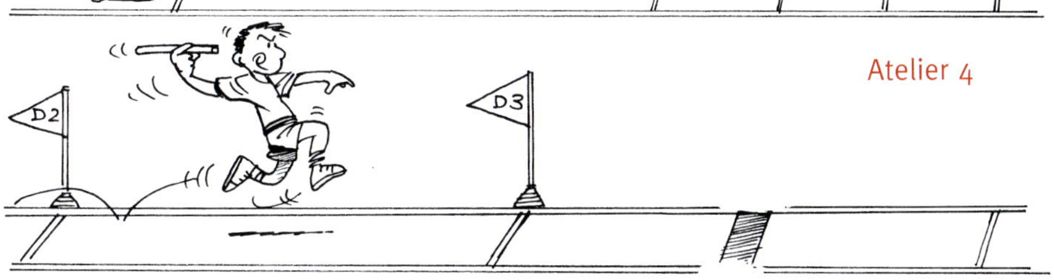

JEU DU GAGNE-TERRAIN

COMPORTEMENTS RECHERCHÉS

Lancer de plus en plus fort

Armer en tirant le bras vers l'arrière

Avoir les pieds décalés sur l'axe du lancer (jambe avant opposée au bras lanceur)

Orienter les pieds dans la direction du lancer

Lancer dans l'axe

Orienter le lancer vers le haut

Enchainer course et lancer sans marquer de temps d'arrêt

Être stabilisé après l'élan

LANCER

PRODUIRE UNE PERFORMANCE OPTIMALE, MESURABLE À UNE ÉCHÉANCE DONNÉE

OBJECTIFS

Adapter la manière de lancer à l'objet

Augmenter la quantité d'énergie

Améliorer le placement des appuis

Construire des trajectoires efficaces

Augmenter l'amplitude du geste

Enchainer rotation et lancer en maitrisant la trajectoire

CONSIGNES

MATÉRIEL

★ Anneaux, petits cerceaux, disques, cordelettes.
★ Plots, constri-foot, élastiques.

SITUATIONS DE JEUX

Situation 1 **Ateliers tournants dédoublés (6 x 7 minutes)**

› Atelier 1
Prendre et lancer (cordelettes et anneaux).
Place tes pieds dans les cerceaux.
Prends l'objet des mains du camarade placé derrière toi, retourne-toi et lance loin devant toi, sans marquer de temps d'arrêt.
Essaie d'atteindre la zone la plus éloignée.

› Atelier 2
Par-dessus l'élastique (disques et petits cerceaux).
Lance l'objet par-dessus l'élastique en le tenant d'une main et en le balançant d'avant en arrière avant de le lâcher.
Lance le plus loin possible.

› Atelier 3
Avec rotation demi-volte ou volte (cordelettes et anneaux)
a) Place-toi dos à la zone de lancer, enchaine une demi-volte et un lancer.
b) Commence face à la zone, enchaine une volte et un lancer.

Situation 2 **Record de lancer par équipe**

Organisation

La classe est divisée en 6 groupes, un objet par groupe, une zone de lancer matérialisée avec des points, une fiche résultat.

› Chaque enfant dispose d'un essai, il marque pour son équipe le nombre de points correspondant à la zone où atterrit l'objet.

› L'équipe qui marque le plus de points gagne la manche (jeu en 3 manches).

Lancer loin en rotation

SITUATIONS

ATELIERS TOURNANTS DÉDOUBLÉS

Atelier 1

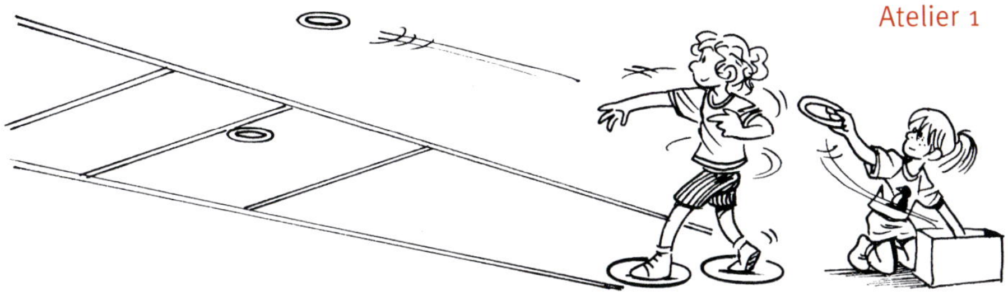

Atelier 2

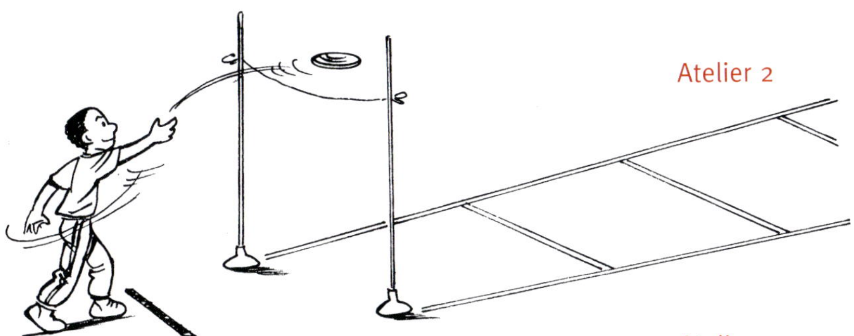

Atelier 3

RECORD DE LANCER PAR ÉQUIPE

COMPORTEMENTS RECHERCHÉS

Augmenter l'amplitude du geste

Effectuer une rotation du buste

Garder le bras allongé loin du corps

Suivre du regard l'objet lancé

Orienter le lancer vers le haut

Prendre de l'élan avec balancement du bras

Enchainer rotation et lancer sans marquer de temps d'arrêt

Utiliser un pied pivot

LANCER

PRODUIRE UNE PERFORMANCE OPTIMALE, MESURABLE À UNE ÉCHÉANCE DONNÉE

OBJECTIFS

Adapter la manière de lancer à l'objet

Augmenter la quantité d'énergie

Améliorer le placement des appuis

Construire des trajectoires efficaces

CONSIGNES

MATÉRIEL

★ Médecine-ball, ballons de basket-ball, poids.
★ Plots, zones délimitées, portiques et élastiques, petits cerceaux.

SITUATIONS DE JEUX

Situation 1 **Ateliers**

› Atelier 1 *Le mur cible*
Place un pied dans chaque cerceau, lance le plus fort possible le ballon de basket contre le mur pour que le ballon tombe le plus loin possible au rebond.

› Atelier 2 *Le passe-fil*
Lance par-dessus l'élastique, essaie d'atteindre la zone la plus éloignée.

› Atelier 3 *Le lanceur*
Place un pied dans chaque cerceau perpendiculaire à la direction du lancer.
Prends le médecine-ball (ou le poids) tendu par ton camarade placé derrière toi et lance en essayant d'atteindre la zone la plus éloignée.

Situation 2 **Jeu du gagne-terrain**

Organisation

Enfants par paire, un médecine-ball pour 2, bases espacées de 12 m, terrain divisé en 3 zones de 4 mètres.

› Après tirage au sort, l'enfant désigné lance le médecine-ball depuis sa ligne d'engagement vers la base de son adversaire.

› Celui-ci lance à son tour le médecine-ball à partir de l'endroit où il est tombé vers la base adverse.

› Le joueur qui envoie le médecine-ball derrière la base de son adversaire a gagné la manche (jeu en 3 manches).

VARIANTE

▸ Changer d'adversaire.

Lancer loin en poussant

SITUATIONS

ATELIERS

Atelier 1
Le mur cible

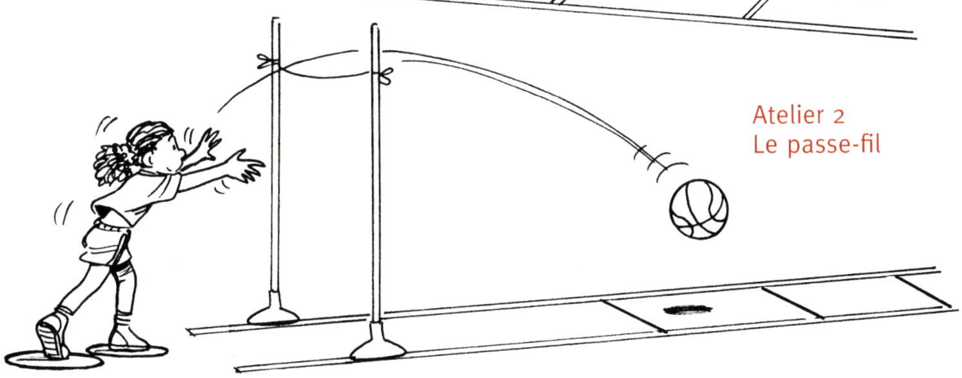

Atelier 2
Le passe-fil

Atelier 3
Le lanceur

JEU DU GAGNE-TERRAIN

COMPORTEMENTS RECHERCHÉS

Lancer
de plus en plus fort

Augmenter
l'amplitude du geste

Se grandir

Garder la tête redressée

Pousser à 2 mains
vers l'avant et vers le haut

Finir en appui
sur la jambe avant

LANCER

PRODUIRE UNE PERFORMANCE OPTIMALE, MESURABLE À UNE ÉCHÉANCE DONNÉE

OBJECTIFS

Mesurer les progrès

Tenir et assumer des rôles différents : lanceur, juge, secrétaire

Diversifier les prises d'élan

Adapter son geste à l'engin

Lier les actions élan, lancer et accompagnement

CONSIGNES

MATÉRIEL

★ Balles de tennis, balles lestées, sacs de grains, ballons de basket-ball, médecine-ball, cerceaux, anneaux, bâtons, vortex.

★ Plots, zones matérialisées.

ATELIERS

Organisation

Les enfants sont par groupe de 3. Ils passent aux différents ateliers et sont tour à tour lanceur, juge et secrétaire. Il est judicieux de dédoubler les ateliers.

› Atelier 1 *Lance à bras cassé.*

› Atelier 2 *Lance en rotation.*

› Atelier 3 *Lance en poussant.*

ÉQUIPE 1		L1	L2	L3	L4	L5	TOTAL
ATELIER 1	Anne						
	Pierre						
	Véro						
ATELIER 2	Anne						
	Pierre						
	Véro						
ATELIER 3	Anne						
	Pierre						
	Véro						

Évaluation

SITUATIONS

ATELIERS

Lance à bras cassé

Lance en rotation

Lance en poussant

COMPORTEMENTS RECHERCHÉS

Lancer l'engin
dans la zone de réception

Indicateur de distance
pour une balle de 200 g

	CM1	CM2	6e
Garçon	18 m	20 m	22 m
Fille	16 m	18 m	20 m

Indicateur de distance
pour un anneau

	CM1	CM2	6e
Garçon	16 m	18 m	20 m
Fille	14 m	16 m	18 m

Indicateur de distance
pour un ballon de basket

	CM1	CM2	6e
Garçon	4,5 m	5 m	5,5 m
Fille	3,5 m	4 m	4,5 m

Indicateur de distance
pour un médecine-ball

	CM1	CM2	6e
Garçon	3,5 m	4 m	4,5 m
Fille	3 m	3,5 m	4 m

COURIR

PRODUIRE UNE PERFORMANCE OPTIMALE, MESURABLE À UNE ÉCHÉANCE DONNÉE

OBJECTIFS

Courir pour jouer

Courir à allures variables

CONSIGNES

MATÉRIEL

★ Plots, cônes, dossards...

SITUATIONS DE JEUX

Situation 1 **La formule un**

Organisation

Un circuit partagé en zones repérées par des couleurs distinctes (cônes, fanions...).
À chaque zone de couleur correspond une vitesse de course (lente, rapide, maximale).

› Cours à l'allure indiquée par la couleur.

Situation 2 **Les planètes**

Organisation

Sur un stade, dans une cour... plusieurs circuits balisés, une zone centrale.

› Tu es une planète qui décrit son orbite autour du soleil : cours sur un des circuits proposés. Au signal, rejoins le plus vite possible le soleil (zone au centre du terrain).

Situation 3 **Les chenilles**

Organisation

Par groupe, en dispersion, espace délimité.
Les enfants courent à plusieurs en suivant le premier et en restant l'un derrière l'autre.
Au signal, le dernier de la colonne vient se placer devant les autres et devient à son tour la tête de chenille.

Situation 4 **La course en huit**

Organisation

Un circuit balisé en forme de huit avec une petite et une grande boucle.

› Cours sur le circuit en forme de 8, cours lentement sur la grande boucle, très vite sur la petite.

Situation 5 **Le trèfle à quatre feuilles**

Organisation

Circuit balisé en forme de trèfle.

› Cours en suivant le parcours. À chaque feuille, cours à une vitesse différente.

Entrée dans l'activité

SITUATIONS

COMPORTEMENTS OBSERVÉS

L'enfant...

- Réagit-il au signal?
- Respecte-t-il les consignes?
- Module-t-il son allure?

COURIR

PRODUIRE UNE PERFORMANCE OPTIMALE, MESURABLE À UNE ÉCHÉANCE DONNÉE

OBJECTIFS

Courir vite

Courir vite en franchissant

Courir longtemps

Courir vite en relais

CONSIGNES

ATELIERS

Atelier 1

Matériel
Chronomètre, cônes, sifflet, claquoir...

Organisation
4 couloirs de 50 mètres et zones d'arrivée matérialisées.
Un enfant donne le départ.
Un enfant observateur par zone d'arrivée qui signale la performance au coup de sifflet.
L'enseignant chronomètre et siffle au bout de 7 secondes. Il note les résultats (dissocier l'observation des comportements moteurs de la prise de performance : chaque enfant devra courir deux fois).

› Cours le plus vite possible jusqu'au bout du couloir.

Atelier 2

Matériel
Par couloir, 4 haies d'environ 50 centimètres (CM1), 60 centimètres (CM2), 70 centimètres (6e).

Organisation
Un enfant donne le départ.
Un enfant observateur par zone d'arrivée.
L'enseignant chronomètre et siffle au bout de 7 secondes. Il note les résultats (dissocier l'observation des comportements moteurs de la prise de performance : chaque enfant devra courir deux fois).

› Cours le plus vite possible jusqu'au bout du couloir.

Atelier 3

Matériel
Chronomètre, fiche individuelle.

Organisation
Circuit de 200 ou 400 mètres, enfants par binôme (1 coureur, 1 observateur).
Tous les observateurs sont placés près de l'enseignant.

› Pour le coureur : effectue le plus grand nombre de tours sans marcher.

› Pour l'observateur : compte le nombre de tours, quand ton camarade s'arrête (ou à la fin du temps imparti) et note le temps annoncé par l'enseignant.

Atelier 4

Matériel
Chronomètre, plots, témoins.

Organisation
Circuit de 200 mètres, plots tous les 50 mètres, équipe de 4 coureurs placés à chaque plot.
L'enseignant note le temps de chaque équipe.

› Aux ordres du starter, à vos marques, prêts, signal sonore ou visuel, cours le plus vite possible, transmets le témoin à ton coéquipier.

Diagnostic

SITUATIONS

ATELIER 1

ATELIER 2

ATELIER 3

ATELIER 4

COMPORTEMENTS OBSERVÉS

Comportements moteurs (1)
L'enfant...
Réagit-il vite au signal?
Est-il penché au départ?
Respecte-t-il son couloir?
Finit-il à pleine vitesse?

Performances
Où se situe-t-il?

Barème

Pts	CM1	CM2	6e
1	d<32m	d<34m	d<36m
2	32m<d<34m	34m<d<36m	36m<d<38m
3	34m<d<36m	36m<d<38m	38m<d<40m
4	36m<d<38m	38m<d<40m	40m<d<42m
5	38m<d	40m<d	42m<d

Comportements moteurs (2)
Piétine-t-il devant l'obstacle?
Attaque-t-il l'obstacle de face?

Performances
Où se situe-t-il?

Barème

Pts	CM1	CM2	6e
1	d<32m	d<34m	d<36m
2	32m<d<34m	34m<d<36m	36m<d<38m
3	34m<d<36m	36m<d<38m	38m<d<40m
4	36m<d<38m	38m<d<40m	40m<d<42m
5	38m<d	40m<d	42m<d

Comportements moteurs (3)
Adopte-t-il une allure régulière?
Est-il essoufflé ou est-il capable de parler durant la course, à l'arrivée?

Performances
Durées de courses maximums
CM1 : 15 minutes
CM2 : 20 minutes
6e : 25 minutes

Comportements moteurs (4)
Accélère-il au départ?
Ralentit-il en se passant le témoin?
Quelle est la position et l'attitude du relayeur?

COURIR

PRODUIRE UNE PERFORMANCE OPTIMALE, MESURABLE À UNE ÉCHÉANCE DONNÉE

OBJECTIFS

Réagir vite
à un signal de départ

Courir en ligne droite

Trouver l'amplitude
optimale de la foulée

Finir sa course
à pleine vitesse

CONSIGNES

SITUATIONS DE JEUX

Situation 1 Jour et nuit

Organisation

La classe est partagée en 2 équipes (les X et les O).
Rangés par binôme de niveau équivalent x/o, les élèves sont face à face sur la ligne médiane.

› À l'appel de «jour» les X cherchent à se sauver derrière leur ligne d'arrivée.
› Les O les poursuivent et essayent de les toucher avant qu'ils ne rejoignent la ligne.
› Les O marquent un point en touchant de la main ou en prenant un foulard.
› Inverser les rôles à l'appel de «nuit».
› À chaque manche, on compte le nombre de touches.

VARIANTES

- Position de départ face à face, allongés, assis, à genoux.
- Signal de départ visuel, distance de course plus importante.

Situation 2 Courir sur une ligne

Organisation

3 couloirs de 40 mètres: un couloir réduit de moitié en largeur, un couloir avec une ligne tracée, un couloir avec des marques au sol.
Les élèves sont par 3 au départ (niveau homogène).

› Aux ordres du starter, à vos marques, prêts, signal sonore ou visuel, cours le plus vite possible en restant dans le couloir, sur la ligne ou en passant sur les marques au sol.
› Change de couloir à la course suivante.

Situation 3 Allonger la foulée

Organisation

4 couloirs de 40 mètres, zone d'élan de 10 mètres, zones étalonnées sur 20 mètres (0,80 - 0,90 - 1 mètre - 1,10 mètre), zone de 10 mètres; 1 équipe par couloir; 3 passages dans chacun.

› Cours le plus vite possible avec un appui dans chaque zone.
› Essaie les autres couloirs. Choisis le couloir qui te convient le mieux.
› Reproduis la même course dans un couloir sans marquage.

Situation 4 Course aux foulards

Organisation

1 équipe bleue et 1 équipe rouge face à face à une distance de 40 mètres l'une de l'autre.
Au centre du terrain: 1 arbitre qui lève un foulard bleu à gauche, 1 foulard rouge à droite.
2 jeux simultanés possibles sur 2 terrains.

› Aux ordres du starter, à vos marques, prêts, signal sonore ou visuel, le premier de chaque équipe court vers son foulard.
› Le coureur qui touche le foulard en premier marque un point pour son équipe.
› On totalise les points de chaque équipe.

Courir vite

SITUATIONS

JOUR ET NUIT

COURIR SUR UNE LIGNE

ALLONGER LA FOULÉE

COURSE AUX FOULARDS

COMPORTEMENTS RECHERCHÉS

S'orienter le plus rapidement possible vers le but à atteindre

Garder le regard vers la ligne d'arrivée

Partir debout, pieds décalés, buste légèrement penché en avant

Regarder loin devant soi

Balancer les bras dans l'axe de la course

Enchainer les appuis de manière régulière

Monter le genou

Pousser sur la jambe arrière pour augmenter la foulée

Ralentir seulement après avoir touché le foulard

COURIR

PRODUIRE UNE PERFORMANCE OPTIMALE, MESURABLE À UNE ÉCHÉANCE DONNÉE

OBJECTIFS

Réagir vite
à un signal de départ

Courir en ligne droite

Trouver l'amplitude
optimale de la foulée

Finir sa course
à pleine vitesse

CONSIGNES

ATELIERS

Matériel

Haies adaptées à la taille des enfants (30 centimètres < h < 60 centimètres).
Craie pour le marquage au sol des zones d'impulsion ou lattes.
Chronomètres, cônes, sifflet, claquoir...

Organisation

Après plusieurs passages dans chaque couloir, le maitre répartit les enfants en fonction de leurs tailles et leurs possibilités.

Atelier 1 **Varier les hauteurs**

4 couloirs de 40 mètres avec la première haie à 11 mètres, les autres à 6 mètres.
La hauteur des haies varie d'un couloir à l'autre : 30 centimètres, 40 centimètres, 50 centimètres, 60 centimètres.

Atelier 2 **Intervalles irréguliers**

4 obstacles dans chacun des 4 couloirs de 40 mètres.
La distance entre les haies varie dans un même couloir : 4 mètres, 6 mètres, 5 mètres...

Atelier 3 **Intervalles réguliers**

4 obstacles dans chacun des 4 couloirs de 40 mètres.
Intervalles réguliers dans un même couloir mais distances différentes d'un couloir à l'autre.

Consigne pour les 3 ateliers

› Cours le plus vite possible en franchissant les obstacles sans perdre de vitesse.
› Refais ta course en attaquant toujours avec la même jambe.
› Fais un nouveau passage avec un nombre d'appuis pairs entre les intervalles.
› Idem avec un nombre d'appuis impairs.

Atelier 4 **Impulsion avant la haie**

Organisation

2 couloirs de 40 mètres, 4 haies basses dans chaque couloir (11 mètres, 6 mètres, 6 mètres, 6 mètres, 11 mètres).
Zones tracées devant les haies (40 centimètres, 60 centimètres, 80 centimètres, 100 centimètres)
Élèves par binômes (un coureur, un observateur).

› Observateur : annonce au passage de ton camarade le numéro de la zone dans laquelle il prend l'impulsion.
› Coureur : cours le plus vite possible en franchissant les haies, recommence en plaçant ton impulsion le plus loin de la haie, enchaine 3 passages.
› Changez de rôle.

Courir en franchissant des obstacles

SITUATIONS

VARIER LES HAUTEURS

INTERVALLES IRRÉGULIERS

INTERVALLES RÉGULIERS

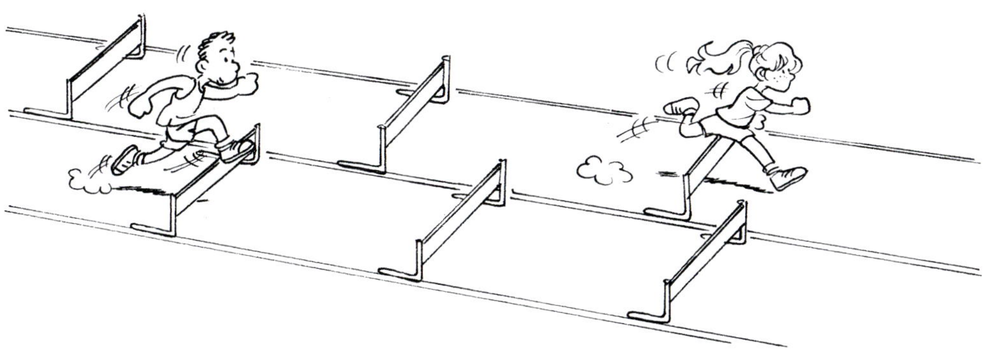

IMPULSION AVANT LA HAIE

COMPORTEMENTS RECHERCHÉS

Avoir le moins d'appuis possible entre les haies

Avoir un nombre d'appuis pairs

Réagir vite au signal et être au maximum de sa vitesse du départ à l'arrivée

Ne pas piétiner devant l'obstacle

Attaquer l'obstacle de face, en son milieu, en lançant le genou haut vers l'avant

Franchir de façon rasante, (pas de saut)

S'équilibrer vers l'avant pour reprendre sa course

COURIR

PRODUIRE UNE PERFORMANCE OPTIMALE, MESURABLE À UNE ÉCHÉANCE DONNÉE

OBJECTIFS

Courir de plus en plus longtemps en maintenant son allure et/ou en augmentant son allure tout en maitrisant son rythme respiratoire

CONSIGNES

MATÉRIEL

★ Dossards, chronomètre, plots, sifflet.

SITUATIONS DE JEUX

Situation 1 Course de binômes

Organisation

Deux groupes dans la classe A (rouge) B (jaune) - constitution de binômes A/B.

› 1re manche A : entraine B sur le terrain de ton choix pendant 2 minutes sans t'arrêter, repère ton point d'arrivée. B : Cours derrière A.

› 2e manche B : cours durant 2 minutes, retrouve le même parcours (chemin) et arrive au même point d'arrivée que A. A : Suis B.

› Inversez les rôles.

VARIANTES

▶ Augmenter le temps de course (3, 5, 10 minutes…).

▶ Sur un circuit étalonné, réaliser le même temps lors des 2 manches.

Situation 2 Course papillon

Organisation

Classe divisée en 3 groupes de niveau : débutants, débrouillés, experts.
3 circuits de longueurs différentes (à définir en fonction de l'environnement) :
210 mètres : groupe débutants, 230 mètres : groupe des débrouillés, 290 mètres : groupe des experts.
Départ des groupes au coup de sifflet. L'enseignant note les temps des groupes à l'arrivée.

› Courez ensemble sans vous arrêter durant 2 tours (puis 3 et 4 tours).

› Réalisez le même temps plusieurs fois de suite.

VARIANTE

▶ Même dispositif avec un plot au milieu de chaque circuit. On subdivise les groupes de niveau en 2, les demi-groupes partent dos-à-dos et doivent se croiser au milieu du parcours.

Situation 3 Contrat temps

Organisation

Classe divisée en trois groupes de niveau (débutants, débrouillés, experts).
Chaque groupe choisit une durée de course.
Chaque élève marque le nombre de points correspondant à la durée.
Les groupes partent dans l'ordre experts, débrouillés, débutants avec un décalage calculé en fonction des contrats choisis.

› Exemple :
H départ des experts pour 30 minutes de course,
H+10 minutes départ des débrouillés
pour 20 minutes, H+15 minutes départ des débutants pour 15 minutes de course.
Tous les enfants qui ont couru sans s'arrêter jusqu'au coup de sifflet final marquent un bonus de 3 points.

Courir longtemps

SITUATIONS

COURSE DE BINÔMES

COURSE PAPILLON

VARIANTE

CONTRAT TEMPS

COMPORTEMENTS RECHERCHÉS

Garder une allure régulière sur une distance de plus en plus longue sans marcher ni accélérer

Réaliser le plus petit écart de temps possible entre les différentes courses

Ne pas être essoufflé

Pouvoir parler en courant

Avoir le haut du corps relaché

	CM1	CM2	6e
5 mn	3 pts	2 pts	1 pt
10 mn	4 pts	3 pts	2 pts
15 mn	6 pts	5 pts	4 pts
20 mn	8 pts	7 pts	6 pts
25 mn	10 pts	9 pts	8 pts
30 mn		10 pts	9 pts
35 mn			10 pts
40 mn			

Connaitre sa durée ou distance maximale de course en continue

COURIR

PRODUIRE UNE PERFORMANCE OPTIMALE, MESURABLE À UNE ÉCHÉANCE DONNÉE

OBJECTIFS

S'organiser pour transmettre le témoin

Conserver la vitesse du témoin

CONSIGNES

MATÉRIEL

★ Plots, témoins de relais, cônes, foulards.

SITUATIONS DE JEUX

Situation 1 **4 contre 1**

Organisation

2 couloirs de 80 mètres ; dans le premier, 4 relayeurs (A) placés tous les 20 mètres (plots), dans le deuxième, un coureur seul (B), un observateur par couloir.
Mettre en place plusieurs dispositifs parallèles, changer les rôles.

› A : courez le plus vite possible, transmettez le témoin à votre relayeur, essayez d'arriver avant le coureur B.

› B : cours le plus vite possible jusqu'à la ligne d'arrivée, essaie de battre l'équipe A.

Situation 2 **Jeu de poursuite**

Organisation

Par binômes (1 chasseur, 1 lapin)
Une zone de course de 30 mètres. Les chasseurs se tiennent sur la ligne de départ.
Les lapins sont sur une ligne 10 mètres plus loin. À 6 mètres du départ, une zone d'1,50 mètre.

› Chasseurs : au signal de départ cours le plus vite possible, essaie d'attraper le foulard de ton lapin avant que celui-ci n'atteigne la ligne d'arrivée.

› Lapins : place-toi sur la ligne des 10 mètres, démarre au moment où ton chasseur passe dans la zone des 6 mètres, cours le plus vite possible vers l'arrivée sans te faire prendre ton foulard.

› Après 3 courses, changez de rôle.

Situation 3 **Les siamois**

Organisation

Par binômes, zone de course de 30 mètres, à 10 mètres une zone de transmission de 5 mètres.

› A : cours moyennement vite vers la ligne des 30 mètres, tends le bras en arrière lorsque tu es dans la zone de transmission, accélère jusqu'à l'arrivée.

› B : suis le coureur A à environ 1 mètre, transmets le témoin dans la zone prévue.

Situation 4 **Course par équipe**

Organisation

2 équipes de 6 relayeurs, 2 couloirs de 60 mètres, 1 cône tous les 20 mètres, un relayeur à chaque cône.
Jeu en 3 manches avec changement de place pour les relayeurs (1 point par manche gagnée).

› Au signal, cours le plus vite possible et transmets le témoin au relayeur.

Courir en relais

SITUATIONS	COMPORTEMENTS RECHERCHÉS

4 CONTRE 1

S'orienter dans le sens de la course et décaler les pieds pour pousser

Avoir uniquement la tête tournée vers l'arrière

Pour les observateurs : analyser qui arrive le premier et pourquoi

JEU DE POURSUITE

Réagir à des moments précis de la course de l'autre

Pour les lapins partir au moment précis où les chasseurs passent la zone

Être orienté vers la ligne d'arrivée

LES SIAMOIS

Placer la main pour ne recevoir le témoin qu'au dernier moment

Transmettre le témoin de bas en haut

COURSE PAR ÉQUIPE

Être décalé par rapport à A pour ne pas toucher les épaules et le faire tomber

Ne pas être obligé de croiser les mains devant le corps au moment de la transmission

COURIR

PRODUIRE UNE PERFORMANCE OPTIMALE, MESURABLE À UNE ÉCHÉANCE DONNÉE

OBJECTIFS	CONSIGNES

SITUATIONS EN ATELIERS

Objectifs : Courir vite

Se propulser efficacement au départ

Maintenir sa vitesse

Atelier 1 Courir vite

Matériel

Chronomètre, cônes, sifflet, claquoir...

Organisation

4 couloirs de 50 mètres et zones d'arrivée matérialisées.
Un enfant donne le départ. Un enfant observateur par zone d'arrivée.
L'enseignant chronomètre et siffle au bout de 7 secondes.

› Cours le plus vite possible jusqu'au bout du couloir.

Objectifs : Courir vite en franchissant

Augmenter sa vitesse de course et la maintenir avant les franchissements

Prendre un départ rapide courir et franchir les haies en ralentissant le moins possible, finir vite

Atelier 2 Courir vite en franchissant

Matériel

Par couloir, 4 haies d'environ 50 centimètres (CM1), 60 centimètres (CM2), 70 centimètres (6e), la 1re à 11 mètres, puis tous les 6 mètres.

Organisation

Un enfant donne le départ. Un enfant observateur par zone d'arrivée.
L'enseignant chronomètre et siffle au bout de 7 secondes.

› Cours le plus vite possible jusqu'au bout du couloir.

Objectifs : Courir longtemps

Améliorer sa foulée

Contrôler sa respiration

Courir 8 à 15 minutes de façon régulière

Atelier 3 Courir longtemps régulièrement

Organisation

Stade, cour, parc, parcours balisé.
Classe divisée en deux équipes (les coureurs, les observateurs avec fiche individuelle).
Après la course, changer les rôles.

› Choisis un contrat distance-temps, cours et essaie de remplir ton contrat.

Contrat distance/temps

NIVEAU	1	2	3	4	5	6
CONTRAT	1 km en 8 min	1,5 km en 12 min	2 km en 12 min	2,5 km en 15 min	3 km en 17 min	3,6 km en 20 min

Objectifs : Courir en se relayant

Se transmettre le témoin dans une zone définie

S'élancer et recevoir un témoin sans ralentir

Atelier 4 Courir en relais

Matériel

Chronomètre, plots, témoins.

Organisation

Circuit de 100 mètres, zone de transmission (5 mètres de large) tous les 25 mètres - 4 relayeurs.
L'enseignant note le temps de chaque équipe.

› Aux ordres du starter, à vos marques, prêts, signal sonore ou visuel, cours le plus vite possible, transmets le témoin à ton coéquipier.

Évaluation

SITUATIONS

COURIR VITE

Pts	CM1	CM2	6e
1	d‹32m	d‹34m	d‹36m
2	32m‹d‹34m	34m‹d‹36m	36m‹d‹38m
3	34m‹d‹36m	36m‹d‹38m	38m‹d‹40m
4	36m‹d‹38m	38m‹d‹40m	40m‹d‹42m
5	38m‹d	40m‹d	42m‹d

COURIR VITE EN FRANCHISSANT

Pts	CM1	CM2	6e
1	d‹32m	d‹34m	d‹36m
2	32m‹d‹34m	34m‹d‹36m	36m‹d‹38m
3	34m‹d‹36m	36m‹d‹38m	38m‹d‹40m
4	36m‹d‹38m	38m‹d‹40m	40m‹d‹42m
5	38m‹d	40m‹d	42m‹d

COURIR LONGTEMPS RÉGULIÈREMENT

COURIR EN RELAIS

ORIENTATION
PATINAGE
VÉLO

ADAPTER SES DÉPLACEMENTS À DES ENVIRONNEMENTS VARIÉS

ORIENTATION

ADAPTER SES DÉPLACEMENTS
À DES ENVIRONNEMENTS VARIÉS

OBJECTIFS	CONSIGNES

OBJECTIFS

Établir la concordance entre représentation et terrain

CONSIGNES

MATÉRIEL

★ Cartes au 1/2000e par binôme.
★ 1 carte orientée au point de contrôle (table) où figurent l'ensemble des balises.
★ 1 sifflet par binôme.
★ Balises + pinces ou objets divers + messages.

SITUATIONS DE JEUX

Situation 1 **Je trouve la bonne balise**

Organisation

L'enseignant place 12 balises sur le site (parc, stade, square, espace limité…) et les dessine sur la carte en les numérotant de 1 à 12.
Les élèves sont répartis en binômes avec une carte où figurent toutes les balises et une feuille de route.
L'enseignant envoie chaque binôme vers une balise différente à trouver.

› Trouve la balise.

› Note le message.

› Reviens au point de contrôle et vérifie avec le maitre.

› Si le message est le bon, va chercher une autre balise, sinon recommence.

N° Balises						
Nom des élèves du binôme						

Repérer, mémoriser des indices terrain caractéristiques

Situation 2 **Je pose, tu trouves**

Organisation

L'enseignant place 12 balises sur le site (parc, stade, square, espace limité…) et les dessine sur la carte en les numérotant de 1 à 12.
Les élèves sont répartis par équipes de 4 (binôme A + binôme B) avec une carte où figurent toutes les balises et une feuille de route.
L'enseignant envoie chaque binôme A vers une balise différente près de laquelle il doit poser un objet.

› Binôme A: posez un objet à l'endroit indiqué sur la carte, revenez au point de contrôle et expliquez au binôme B, uniquement avec des mots, où se trouve l'objet.

› Binôme B: allez chercher l'objet et rapportez-le.

Binôme A	**Objet 1** ☐ Bien placé ☐ Mal placé	**Objet 2** ☐ Trouvé ☐ Non trouvé
Binôme B	**Objet 1** ☐ Trouvé ☐ Non trouvé	**Objet 1** ☐ Bien placé ☐ Mal placé

Entrée dans l'activité

SITUATIONS

COMPORTEMENTS OBSERVÉS

JE TROUVE LA BONNE BALISE

L'enfant...

- Oriente-il sa carte?
- Prend-il la bonne direction?

JE POSE, TU TROUVES

L'enfant...

- A-t-il su s'orienter et repérer la direction à prendre?
- Est-il capable de formuler des explications efficaces?

ORIENTATION

ADAPTER SES DÉPLACEMENTS
À DES ENVIRONNEMENTS VARIÉS

OBJECTIFS

Repérer et utiliser des éléments caractéristiques du milieu pour se situer et se déplacer

CONSIGNES

SITUATIONS DE JEUX

Situation 1 **Étoiles - photos**

Matériel

Photos d'éléments remarquables du site (arbres, bâtiments, rochers...).
Objets variés.
Pour l'enseignant : la carte du site où figurent les éléments photographiés.

Organisation

Par équipes de 2.
L'enseignant donne à chaque binôme une photo et un objet.

› Repérez l'élément photographié.

› Allez-y et déposez l'objet.

› Revenez au point de contrôle. Dès qu'un autre groupe est revenu, échangez vos photos et recherchez les objets déposés.

Situation 2 **Parcours - photos**

Matériel

Photos d'éléments remarquables du site (banc, souche, pont, poteau...) avec un message au dos (un mot d'une phrase).
Pour l'enseignant : la carte où figurent les éléments photographiés.

Organisation

L'enseignant dispose d'une vingtaine de photos organisées en 2 ou 3 circuits.
L'enseignant place sur chaque élément remarquable, la photo du suivant à trouver.
Les élèves sont répartis en trinômes – départs échelonnés toutes les 2 minutes.
Au départ, l'enseignant montre la photo du 1er élément où il faut se rendre.

› Allez à l'endroit représenté sur la photo n°1.

› Trouvez la photo n°2 et notez le mot qui se trouve au dos de celle-ci sur votre feuille de route.

› La photo n°2 vous montre l'élément suivant où vous devez vous rendre.

› ...

› Reconstituez la phrase quand vous avez terminé votre parcours.

PIERRE PAUL MICHEL	MOT PHOTO 1	MOT PHOTO 2		Heure de départ
PHRASE RECONSTITUÉE				Heure d'arrivée

Parcours photos

SITUATIONS	COMPORTEMENTS RECHERCHÉS

ÉTOILE - PHOTOS

Prendre le temps de repérer les éléments et de choisir le chemin

Donner son avis et prendre en compte l'avis des coéquipiers

Respecter l'environnement

PARCOURS - PHOTOS

Concilier prise d'information précise et vitesse de déplacement

ORIENTATION

ADAPTER SES DÉPLACEMENTS
À DES ENVIRONNEMENTS VARIÉS

OBJECTIFS

Identifier au fur et à mesure de son déplacement les directions à suivre

Faire le transfert terrain-carte

Connaitre les symboles les plus courants de la course d'orientation

CONSIGNES

SITUATIONS DE JEUX

Situation 1 **Parcours suisse**

Matériel

Carte au 1/25000e pour l'enseignant.
Cartes au 1/2000e pour chaque groupe d'élèves, avec des itinéraires différents.
Cartes au 1/2000e où figurent des balises numérotées pour le contrôle.
1 carte orientée au point de contrôle.
1 sifflet + 1 montre par binôme.
Balises + pinces avec poinçon identifiable.

Lieu

Lieu inconnu délimité.

Consignes de sécurité

Les élèves restent à tout moment par équipes de 2 ou 3.

Organisation

L'enseignant place des balises près des éléments remarquables du circuit.
Chaque équipe composée de 3 élèves reçoit une carte avec un itinéraire clairement indiqué (voie accessible par mesure de sécurité).
Les équipes partiront de manière échelonnée avec le nombre précis de balises à trouver.

› Suivez l'itinéraire.

› Placez sur la carte les balises rencontrées à l'aide d'un petit cercle : ○

› À l'arrivée, l'enseignant validera la réponse en cochant le cercle : ∅

Situation 2 **Le jeu des symboles**

Matériel

Comme ci-dessus.
1 feuille de route réalisée en classe, avec les symboles étudiés, pour chaque équipe.

› Suivez l'itinéraire.

› Complétez la carte avec les symboles officiels de la course d'orientation au fur et à mesure de votre cheminement.

Remarque : on trouvera les symboles officiels sur le site internet de la fédération www.ffcorientation.fr

Parcours suisse

SITUATIONS

COMPORTEMENTS OBSERVÉS

Suivre un itinéraire

Reporter les balises sur une carte

Connaitre les symboles les plus usuels de la course d'orientation

Transcrire la relation entre les repères terrain et les symboles

ORIENTATION

ADAPTER SES DÉPLACEMENTS
À DES ENVIRONNEMENTS VARIÉS

OBJECTIFS

Organiser chronologiquement et dans l'espace les indices pertinents

Situer les balises sur une carte

Adapter son allure au terrain et gérer son effort

Choisir l'itinéraire le plus rapide en tenant compte des caractéristiques du terrain

CONSIGNES

SITUATIONS DE JEUX

Parcours pétale

Matériel

Balises avec poinçons différents – 1 sifflet et 1 montre par équipe.
Carte au 1/25000e pour l'enseignant.
1 carte au 1/2000e par équipe.
Carte orientée au point de contrôle.
Corrigé témoin (correspondance numéro de balise et poinçon).

Organisation

L'enseignant place une dizaine de balises dans un espace limité (parc, stade, square...) et les reporte sur les cartes.
L'enseignant possède un corrigé témoin.
Par binôme, les élèves partent avec une carte et une feuille de route.

› Repérez sur la carte les 3 balises à trouver.
› Trouvez-les dans l'ordre indiqué sur la feuille de route (voir feuille de route « Entrée dans l'activité » situation 1, page 58).
› À chaque balise, poinçonnez la feuille de route avec la pince.
› Puis revenez au point de contrôle.

VARIANTE 1

Parcours pétale 2

› Le plus rapidement possible, repérez sur la carte les 3 balises.
› Trouvez-les dans l'ordre de votre choix.
› Utilisez la pince pour poinçonner la feuille de route.
› Puis revenez au point de contrôle.

VARIANTE 2

Parcours pirate

Organisation

Mise en place, à certains postes, de 2 balises : une vraie et une *pirate* (erreur volontaire de quelques mètres).

› Le plus rapidement possible, repérez sur la carte les 3 balises.
› Trouvez-les dans l'ordre de votre choix.
› Attention ! À certains postes, vous pouvez trouver des balises *pirates*. Relevez le code de la bonne balise.
› Utilisez la pince pour poinçonner la feuille de route.
› Revenez au point de contrôle.

Parcours pétale

SITUATIONS	COMPORTEMENTS RECHERCHÉS

Se repérer sur une carte

Coopérer pour atteindre un même but

Orienter et lire une carte

Coopérer pour atteindre un même but le plus rapidement possible

Maitriser le compromis cap-vitesse

Prendre des repères très précis sur la carte

ORIENTATION

ADAPTER SES DÉPLACEMENTS
À DES ENVIRONNEMENTS VARIÉS

OBJECTIFS

Élargir son champ d'action

Marcher et courir dans un espace semi-naturel pour retrouver dans un temps imparti 5 balises sur son parcours

Identifier sur une carte légendée les éléments de la réalité du terrain

CONSIGNES

ÉVALUATION

Matériel

1 carte au 1/2000e par trinôme.
1 sifflet, une montre par trinôme.
1 feuille de route par trinôme.
1 carte au 1/25000e pour l'enseignant.
1 carte orientée au point de contrôle.
15 balises avec poinçons.

Organisation

Choisir un lieu inconnu des élèves (parcours de santé, terrain boisé, parc).
Délimiter sur la carte 3 zones, de la plus proche à la plus éloignée (1,2 et 3 points).
Placer 5 ou 6 balises dans chaque zone.
Répartir les élèves en trinômes.
Définir un point de contrôle connu des élèves.
L'enseignant donne d'abord une balise à trouver dans la zone 1, puis dans la zone 2, puis dans la zone 3.

› Repérez la balise sur votre carte.

› Cherchez-la, poinçonnez votre feuille de route et revenez au point de contrôle.

› Retournez chercher une autre balise.

› Remarque : en fonction du temps imparti (5, 10 ou 15 minutes), l'opération peut être renouvelée plusieurs fois.

VARIANTE

▸ L'enseignant donne 3 balises à la fois, d'abord dans la zone 1 puis de plus en plus éloignées.

› Cherchez les 3 balises indiquées sur votre feuille de route.

› Lorsque les 3 balises sont trouvées, revenez et cherchez 3 autres balises.

› Attention le temps est limité. Revenez lors du coup de sifflet.

Exemple de feuille de route.

	ÉQUIPE								
BALISES N°									
POINTS									
POINÇONS									

Évaluation

SITUATIONS	COMPORTEMENTS RECHERCHÉS
	Trouver la balise à l'aide de la feuille de route Savoir orienter sa carte Vérifier sa réponse sur la feuille de route Respecter les consignes de sécurité

PATINAGE

ADAPTER SES DÉPLACEMENTS
À DES ENVIRONNEMENTS VARIÉS

OBJECTIFS

Percevoir, maintenir et gérer son équilibre sur un appui fuyant

CONSIGNES

MATÉRIEL

★ Plots, cônes, portiques, cordelettes, objets à ramasser, luges de glace.

SITUATIONS DE JEUX

Situation 1 **Parcours en boucle**

› Effectue le parcours, essaie plusieurs fois.
(Patins à glace: tu peux utiliser une luge de glace).

Jeu 1 **Les transporteurs**

Matériel

Objets (anneaux, palets...), 4 caisses ou 4 cerceaux, crosses.

› Les enfants transportent les objets de la caisse A à la caisse B.

› Ils ne peuvent transporter qu'un seul objet à la fois.

VARIANTES

- Transporter les objets sans les tenir en main: objets posés sur la tête, poussés avec le pied, déplacés avec une crosse, transportés à 2.
- En suivant un itinéraire imposé.

Jeu 2 **Jacques a dit**

Organisation

Les enfants sont en dispersion. Ils font face à l'enseignant ou au meneur.

› Les enfants ne réagissent à la consigne donnée que lorsqu'elle est précédée de *Jacques a dit...*

Exemples

«Jacques a dit avancez...». Les enfants avancent.

«Tournez». Les enfants ne tournent pas.

«Jacques a dit arrêtez-vous...». Les enfants s'arrêtent.

Entrée dans l'activité

SITUATIONS	COMPORTEMENTS OBSERVÉS

PARCOURS EN BOUCLE

LES TRANSPORTEURS

JACQUES A DIT

L'enfant...

- Regarde-t-il où il va?
- Suit-il l'itinéraire imposé?
- Marche-t-il?
- Glisse-t-il? Roule-t-il?
- A-t-il les genoux fléchis?
- A-t-il les bras près du corps?
- Garde-t-il un alignement épaules/genoux?

PATINAGE

ADAPTER SES DÉPLACEMENTS
À DES ENVIRONNEMENTS VARIÉS

OBJECTIFS

Se déplacer en avant

Se diriger

Se fléchir

Accélérer

Ralentir (freiner)

CONSIGNES

SITUATIONS DE JEUX

Situation 1 **Passer sous les ponts**

Matériel

Dossards, éventuellement crosses ou cerceaux.

Organisation

La classe est divisée en 2 groupes. Un groupe forme les ponts immobiles en se donnant la main 2 par 2. Dans l'autre groupe, chaque enfant évolue seul.

› Patine seul en dispersion.

› Au signal, passe accroupi *sous un pont*.

VARIANTE

▶ Tenir un cerceau ou une crosse pour élargir le pont.

Situation 2 **Poissons et pêcheurs**

Matériel

Foulards ou cordelettes.

Organisation

2 groupes : les pêcheurs et les poissons.

› Les pêcheurs forment une ronde en se tenant par l'intermédiaire du foulard (afin d'agrandir l'espace) ; ils décident d'un nombre ou d'un mot-clé choisi dans une comptine ou une poésie.

› Les pêcheurs lèvent les bras, les poissons se promènent librement et doivent traverser *le filet*.

› Au signal prévu par les pêcheurs, le filet se baisse ; les poissons pris viennent agrandir le filet.

› Le dernier poisson non pris gagne.

› Inverser les rôles.

Situation 3 **Les déménageurs**

Matériel

4 caisses, objets divers, portiques.

Organisation

2 équipes

› Chaque équipe doit déplacer ses objets d'une caisse à l'autre avec un passage obligé sous les portiques.

› Un seul objet peut être transporté à chaque passage.

› L'équipe qui a vidé sa caisse la première a gagné.

Diversifier son déplacement

SITUATIONS

PASSER SOUS LES PONTS

POISSONS ET PÊCHEURS

LES DÉMÉNAGEURS

COMPORTEMENTS RECHERCHÉS

Regarder loin devant soi

Lors des déplacements, soulever le moins possible les patins

Descendre les fesses, ne pas casser le buste pour se fléchir

Pour se propulser, pousser latéralement de manière alternative

PATINAGE

ADAPTER SES DÉPLACEMENTS
À DES ENVIRONNEMENTS VARIÉS

OBJECTIFS

Se déplacer en avant, en arrière

Se diriger

Se retourner

Franchir

Glisser ou rouler sur un pied

CONSIGNES

SITUATIONS DE JEUX

Situation 1 **Les tandems**

Matériel

Cerceaux ou bâtons ou crosses.

› Déplace-toi avec un camarade en restant lié par un objet (cerceau, bâton ou crosse). Déplacez-vous par deux… côte à côte, l'un derrière l'autre, un en avant, l'autre en arrière.

› Tire ton partenaire qui se laisse conduire, pousse-le.

VARIANTE

▸ Suivre un parcours.

Situation 2 **Slalom humain**

Organisation

Par groupe de 6 à 8 joueurs.

› Patinez lentement en vous suivant. Le dernier de la file remonte en slalom tout le groupe pour reprendre la tête.

Situation 3 **Parcours**

Matériel

Cerceaux, cônes, cordelettes, lattes.

› Déplace-toi en marche avant, glisse ou roule sur un pied, slalome en resserrant et écartant les pieds, réalise des « citrons » autour des petits cerceaux, tourne autour du cerceau, effectue un demi-tour, enjambe les cordelettes, effectue un virage en poussant sur la jambe extérieure.

Perfectionner son équilibre

SITUATIONS	COMPORTEMENTS RECHERCHÉS

LES TANDEMS

SLALOM HUMAIN

PARCOURS

Augmenter
la force propulsive

Se laisser tirer

Se laisser pousser

Accepter de glisser

(rouler) en arrière

Maintenir l'allure

Combiner accélération
et changement
de direction

Pour tourner, pousser
sur le patin extérieur,
orienter la tête
et les épaules
vers l'intérieur du virage

PATINAGE

ADAPTER SES DÉPLACEMENTS
À DES ENVIRONNEMENTS VARIÉS

OBJECTIFS

Accélérer, ralentir

Se déplacer en avant, en arrière

S'arrêter

Franchir

Sauter

Effectuer des croisés avant

CONSIGNES

MATÉRIEL

★ Cerceaux, cônes, cordelettes, lattes.

SITUATIONS DE JEUX

Situation 1 **Le béret ou la course aux numéros**

Matériel

Plots, dossards, balle posée sur un grand plot.

Organisation

Deux équipes alignées, les joueurs s'attribuent des numéros.

› À l'appel de ton numéro, pars en direction du béret (balle posée sur un plot), prends-le et repars vers ton camp sans te faire toucher par ton adversaire : ton équipe marque un point.

› Si tu touches ton adversaire alors qu'il s'était emparé de la balle avant toi : ton équipe marqueun point.

Situation 2 **Passe à 10**

Matériel

3 séries de dossards, crosses, palet ou balle.

Organisation

3 équipes, deux qui coopèrent, une qui empêche.

› Avec les joueurs de ton équipe, essaie de réaliser 10 passes consécutives sans te faire prendre le palet (ou la balle) par un membre de l'équipe adverse.

› Le jeu peut se pratiquer sur un temps donné ou lorsque les 2 équipes ont fait 10 passes.

Situation 3 **Parcours**

Matériel

Cerceaux, cônes, cordelettes, lattes, portique.

› Tourne autour des cerceaux, slalome entre les cônes, passe sous le portique, entre les cordelettes, enjambe les lattes...

Maitriser sa conduite

SITUATIONS

LE BÉRET OU LA COURSE AUX NUMÉROS

PASSE À 10

PARCOURS

COMPORTEMENTS RECHERCHÉS

Fléchir les jambes

Regarder loin devant

Pour s'arrêter, pousser la glace devant soi, mettre les pieds en V inversé

Marche arrière, avoir les pieds en V inversé, décrire des cercles avec les patins

PATINAGE

ADAPTER SES DÉPLACEMENTS
À DES ENVIRONNEMENTS VARIÉS

OBJECTIFS

Se déplacer

Se diriger changer de direction

Ralentir

Se retourner

Patiner de plus en plus vite en contrôlant sa vitesse, ses trajectoires et en anticipant sur les obstacles les déplacements d'autres patineurs.

Virer de différentes façons

Utiliser différentes techniques de freinage

CONSIGNES

MATÉRIEL

★ Plots, cônes, portiques, objets à ramasser, cordes, lattes, cerceaux, caissettes, grilles d'évaluation.

ÉVALUATION

Parcours en boucle

› Glisse ou roule en marche avant, laisse-toi glisser.
› Accroupis-toi sous les portiques.
› Effectue un demi-tour, déplace-toi en marche arrière.
› Slalome autour des plots.
› Enjambe ou saute les cordes.
› Ramasse un objet, dépose-le dans le cerceau ou la caissette.
› Accélère, arrête-toi avant la latte.
› Effectue le parcours plusieurs fois.

Grille d'évaluation Patinage

	DÉPLACEMENTS				ÉQUILIBRE			CONDUITE				
	Se déplace en avant	Se laisse glisser	Se déplace en courbe	Se dirige	Se déplace en arrière	Se baisse	Se retourne	Accélère	Ralentit	S'arrête	Franchit	Saute

Évaluation

SITUATIONS

VÉLO

ADAPTER SES DÉPLACEMENTS
À DES ENVIRONNEMENTS VARIÉS

OBJECTIFS

Se déplacer dans des situations faisant appel à :
- l'équilibre
- la conduite
- la propulsion

Se déplacer en suivant des trajectoires variées

CONSIGNES

MATÉRIEL

★ Plots, cônes, bascule, constri-foot avec élastique, portique étroit.
★ Balle fixée à une corde accrochée au panier de basket-ball, balles dans un seau placé sur une chaise, seau vide plus loin, dossards, sifflet, foulards de couleur, vélos, casques.

ORGANISATION

★ La moitié de la classe sur l'espace aménagé, l'autre moitié dans l'espace dégagé.

SITUATIONS DE JEUX

Situation 1 **Gymkhana, espace protégé et aménagé**

L'enfant évolue librement sur le parcours.

› Roulez librement, en dispersion, dans l'espace aménagé.

› Engagez-vous sur les obstacles.

› Évitez les autres.

Situation 2 **Je roule aux consignes, espace dégagé**

L'enseignant donne les consignes.

Au signal sonore ou visuel :

› roulez à 3.

› regroupez-vous par couleur.

› roulez les uns derrière les autres.

› freinez.

› arrêtez-vous.

› accélérez.

› changez de direction.

› changez de braquet…

Entrée dans l'activité

SITUATIONS	COMPORTEMENTS RECHERCHÉS

GYMKHANA, ESPACE PROTÉGÉ ET AMÉNAGÉ

L'enfant...

- Réalise-t-il le parcours sans mettre les pieds à terre?
- Lâche-t-il une main?
- Regarde-t-il devant lui?
- Adapte-t-il sa vitesse aux autres?

VÉLO

ADAPTER SES DÉPLACEMENTS
À DES ENVIRONNEMENTS VARIÉS

OBJECTIFS	CONSIGNES

Maitriser la direction et la vitesse

MATÉRIEL

★ Plots, cônes, bascule, constri-foot avec élastique, portique étroit.
★ Balle fixée à une corde accrochée au panier de basket-ball, balles dans un seau placé sur une chaise, seau vide plus loin, dossards, sifflet, foulards de couleur, vélos, casques.

PARCOURS

Parcours 1

Organisation

Les enfants sont en binômes. L'un effectue les actions, l'autre observe et valide ou non à l'aide de la grille d'observation. On change les rôles à la fin du parcours.

Roule sur le parcours en respectant les trajectoires.

› 1 Passe le chemin étroit.
› 2 Contourne les plots.
› 3 Fais le tour du cône.
› 4 Passe sous l'élastique en restant dans le couloir.
› 5 Passe sur les barres en restant dans le couloir.
› 6 Roule en restant dans le couloir tout en lisant les mots sur le panneau.

Maitriser l'équilibre

Parcours 2

Organisation

Les enfants sont en binômes. L'un effectue les actions, l'autre observe et valide ou non à l'aide de la grille d'observation. On change les rôles à la fin du parcours.

Réalise le parcours en quittant les appuis signalés dans chaque zone (affichette).

› A Démarre en plaçant un pied sur une pédale, fais de la trottinette avec l'autre pied.
› B Enfourche le vélo.
› C Déplace un objet avec une main.
› D Quitte l'appui fessier (roule en danseuse).
› E Renverse un cône avec un pied.
› F Arrête dans une zone et redémarre sans mettre pied à terre.
› G Termine en trottinette.

Se déplacer en groupe

Parcours 3 **Par groupes de six**

Adaptez votre allure au chef de groupe.

› Roulez les uns derrière les autres.
› Roulez les uns à côté des autres.

Diagnostic

SITUATIONS	COMPORTEMENTS OBSERVÉS

PARCOURS 1

Observateur Cycliste		
Ateliers	A réussi	A touché l'objet ou est sorti du couloir
1		
2		
3		
4		
5		
6		

PARCOURS 2

Observateur Cycliste		
Ateliers	A réussi	A mis le pied à terre
A		
B		
C		
D		
E		
F		
G		

L'enfant...

- Respecte-t-il l'allure imposée par le chef de groupe ?
- Garde-t-il ses distances avec ses partenaires ?

VÉLO

ADAPTER SES DÉPLACEMENTS
À DES ENVIRONNEMENTS VARIÉS

OBJECTIFS

Maitriser la trajectoire en adaptant la vitesse en fonction
- des obstacles
- des tâches
- des autres

Rouler sans s'écarter de la trajectoire tout en identifiant des objets à droite, à gauche, à l'arrière

Décentrer le regard

Se déplacer en groupe sur un trajet balisé en respectant la distance de sécurité

Réaliser collectivement une chorégraphie en changeant fréquemment de direction, en variant les trajectoires (linéaires, slalom, lignes brisées, circulaires...)

CONSIGNES

ORGANISATION

★ 4 groupes sur les 4 ateliers, les enfants effectuent l'un après l'autre.
★ Changement d'ateliers toutes les 10 minutes.

ATELIERS

Atelier 1 Suivre une trajectoire linéaire

› Roule dans le couloir étroit matérialisé au sol sans en sortir à allure normale, le plus lentement possible, le plus vite possible, en se confrontant à un camarade.

Atelier 2 Suivre un trajet en contournant un obstacle

Petits plots dispersés au sol, des flèches indiquent le sens du contournement des plots.

› Slalome entre les plots.

› Slalome entre les plots la roue avant passe d'un côté, la roue arrière de l'autre.

Atelier 3 Suivre un trajet précis

Une zone étroite est délimitée au sol: cônes, traçage au sol, lattes, cordelettes...

› Roule en respectant la trajectoire matérialisée au sol sans sortir de la zone délimitée et sans poser le pied à terre.

Atelier 4 Changer de direction à un signal

Organisation

En colonne l'un après l'autre.

Un enfant face au cycliste indique au dernier moment la direction à prendre, lance un ballon en direction du cycliste...

› Pars à droite, pars à gauche en respectant la direction indiquée par ton camarade.

› Évite la balle que ton camarade va lancer sur ta trajectoire.

› Regarde et mémorise les objets (images, mots...) que ton camarade montre lors de ton passage ou juste après ton passage.

VARIANTES

▶ Les mêmes situations sont reprises mais cette fois-ci le déplacement se fera en groupes de 2, de 3... côte à côte ou en file indienne.

▶ Créer des déplacements collectifs où l'on privilégiera les changements de direction et qui seront codifiés et intégrés dans la chorégraphie en cours d'élaboration.

Se diriger

SITUATIONS	COMPORTEMENTS RECHERCHÉS

SUIVRE UNE TRAJECTOIRE LINÉAIRE

Respecter une trajectoire imposée par différents éléments sans dévier ni faire tomber

SUIVRE UN TRAJET EN CONTOURNANT UN OBSTACLE

Changer rapidement de direction, éviter des obstacles imprévus

SUIVRE UN TRAJET PRÉCIS

Rouler en élargissant le champ de vision

Libérer le regard

CHANGER DE DIRECTION À UN SIGNAL

Regarder derrière soi sans dévier de sa trajectoire

VARIANTE

Se déplacer, évoluer en toute sécurité collectivement

Garder une distance de sécurité

VÉLO

ADAPTER SES DÉPLACEMENTS
À DES ENVIRONNEMENTS VARIÉS

OBJECTIFS

Accélérer
Ralentir
S'arrêter
Repartir

Maitriser la vitesse

S'adapter à une allure

Rouler longtemps
avec aisance

S'adapter à l'effort

Créer un enchainement collectif qui sera codifié, transcrit, repris et amélioré à chaque séance en se déplaçant collectivement et de manière harmonieuse

CONSIGNES

ORGANISATION

★ 5 groupes sur les 5 ateliers, les enfants effectuent l'un après l'autre.
★ Changement d'ateliers toutes les 10 minutes.

ATELIERS

Atelier 1 **Démarrer, patiner, enfourcher le vélo**

Dans un espace limité et protégé, librement, en suivant des lignes matérialisées, en restant à l'intérieur d'une zone.

› Déplace-toi à côté du vélo en le maintenant d'une main, à 2 mains, par le guidon, la selle, le cadre.

› Assis sur la selle, déplace-toi à l'aide des pieds (draisienne).

› Patine avec pied G sur pédale G ou inverse, puis enfourche le vélo.

› Descends du vélo à G ou à D en posant un pied.

› Accélère au signal sonore, ralentis au signal visuel ou dans des zones déterminées (accélère dans la 1re, ralentis dans la 2e).

Atelier 2 **Maitriser le freinage**

2 lattes posées sur des cônes (h1 › hauteur milieu de la roue, h2 ‹ h1).

› Arrive le plus vite possible, fais tomber la première latte, mais pas la deuxième.

Atelier 3 **Choisir le bon développement**

Dans un espace protégé.

› Manipule le dérailleur, change de braquet (dans une zone déterminée, à un signal verbal, avant un arrêt, avant un changement de profil.)

Course sur 2 couloirs.

› Choisis un braquet, arrive premier.

› Recommence en changeant de braquet.

› Compare le rythme de pédalage.

Atelier 4 **Trouver son rythme**

Collectivement, sur un circuit, sur une ligne droite.

› Roulez côte à côte et choisissez une allure.

› Par 2, 3, 4…

› Un meneur désigné impose les changements d'allure. Les autres maintiennent une distance de sécurité (longueur d'un vélo).

› En file indienne, relayez-vous sans changer l'allure du groupe (librement, sur signal extérieur au groupe, sur signal à l'intérieur du groupe).

Atelier 5 **Se déplacer à plusieurs**

Collectivement, espace protégé et dégagé.

› Démarrez, patinez, enfourchez le vélo, seul, à 2, à plusieurs, alternativement, simultanément, côte à côte, l'un derrière l'autre, en se croisant, en se doublant, en formant une chaine, en respectant le même rythme de pédalage, en moulinant…

› Dessinez, décrivez l'enchainement.

Se propulser

SITUATIONS | **COMPORTEMENTS RECHERCHÉS**

DÉMARRER / PATINER / ENFOURCHER LE VÉLO

Pour démarrer, placer la pédale à l'horizontale en bas pour prendre appui

Monter en enfourchant le vélo à gauche ou à droite

MAITRISER LE FREINAGE

Réduire sa vitesse en freinant avant l'obstacle

Passer d'un freinage continu et progressif à un freinage fractionné et simultané

CHOISIR LE BON DÉVELOPPEMENT

Alléger la pression sur les pédales pendant le passage de la chaine

Choisir le développement le mieux adapté à la situation, au profil

TROUVER SON RYTHME

Se relayer de façons différentes

Se mettre d'accord sur un code

SE DÉPLACER À PLUSIEURS

Synchroniser son action à celles des autres

VÉLO

OBJECTIFS

Maitriser l'équilibre
à différentes vitesses
- en libérant les appuis manuels
- en libérant les appuis pédestres

Maitriser son équilibre
en appréciant
- sa trajectoire,
- sa vitesse,
- sa distance par rapport aux autres

CONSIGNES

ORGANISATION

★ 4 groupes sur les 4 ateliers, les enfants effectuent l'un après l'autre.
★ Changement d'ateliers toutes les 10 minutes.

SITUATIONS DE JEUX

Situation 1 **Rechercher une bonne position et un bon équilibre (main, appui, fessier, pied)**

Espace dégagé

Au signal, varie la position :

› des pieds sur les pédales (à plat, sur les talons, sur les pointes),

› des mains sur le cintre (bout des doigts sur les poignées, sur le cintre...),

› des fesses sur la selle,

› roule en danseuse.

Situation 2 **Les livreurs**

Organisation

Espace aménagé, les joueurs sont répartis en 2 groupes qui se font face.
Des objets sont posés sur une chaise. Le premier livreur roule, prend l'objet sur la chaise, va le poser sur la 2e et passe le relais en face à un deuxième livreur et ainsi de suite jusqu'à ce que toute l'équipe soit passée.

VARIANTES

▶ Obstacles placés sur le parcours et obligeant un léger slalom.

▶ Ballons à prendre, à déplacer et à lancer dans une caisse ou sur une cible.

Situation 3 **Foot - vélo**

Organisation

Sur un parcours jalonné de cônes, en ligne, dispersés.
Par 2, un enfant sur le vélo, l'autre ramasse les cônes.
Après chaque passage, on change les rôles.

› Renverse des cônes avec le pied gauche puis droit.

Situation 4 **Course de lenteur : les escargots**

En ligne droite, par 2, plusieurs de front sur une distance déterminée.

› Roule le plus lentement possible sans mettre pied à terre, le dernier arrivé est vainqueur.

› Dans une zone, arrête-toi et maintiens l'équilibre le plus longtemps possible sans mettre pied à terre.

› Établis un record.

S'équilibrer

SITUATIONS	COMPORTEMENTS RECHERCHÉS

RECHERCHER UNE BONNE POSITION ET UN BON ÉQUILIBRE

Appuyer sur les pédales avec l'avant du pied

Tenir le guidon sans crispation

LES LIVREURS

Libérer les appuis sans perdre l'équilibre et en gardant sa trajectoire

FOOT - VÉLO

Se rééquilibrer par des mouvements de faible amplitude

COURSE DE LENTEUR : LES ESCARGOTS

Rester doux sur le vélo, ne pas se crisper

VÉLO

ADAPTER SES DÉPLACEMENTS
À DES ENVIRONNEMENTS VARIÉS

OBJECTIFS	CONSIGNES

SITUATIONS DE JEUX

Maitriser son équilibre en s'adaptant à la nature du terrain

Situation 1 **Le parc à moutons**

Organisation

Collectivement dans un terrain délimité par des cônes et qui va être de plus en plus réduit par enlèvement et resserrement des cônes.

› Roule dans l'espace délimité.

› Évite les autres.

› Essaye par tes déplacements et changements de direction de déranger les autres cyclistes.

Enjeu

Un point négatif pour un pied à terre.

Situation 2 **Tout terrain**

Organisation

Terrain aménagé avec bascule, planche étroite, bac à sable, obstacles à franchir en levant la roue avant, en allégeant la roue arrière, portiques, terrain accidenté, montées et descentes brèves, puis sur route.

› Réalise plusieurs fois le parcours, avec de plus en plus d'aisance et de plus en plus vite.

› Améliore ton temps et confirme ta performance.

Réaliser une chorégraphie en intégrant les différents objectifs ci-dessus

Situation 3 **Vélo en groupe**

Matériel

Espace dégagé.

Les changements s'opèrent au signal ou sur une musique.

› Par 2, déplacez-vous en vous donnant la main.

› Par équipe, roulez très lentement en formation, en vous passant un objet.

› Prenez des positions acrobatiques sur le vélo.

› Créez un enchainement collectif qui sera codifié, transcrit, repris et amélioré à chaque séance.

S'équilibrer en s'adaptant au terrain

SITUATIONS

LE PARC À MOUTONS

TOUT TERRAIN

VÉLO EN GROUPE

COMPORTEMENTS RECHERCHÉS

Lever la roue avant

Alléger la roue arrière

Tenir compte des autres

VÉLO

ADAPTER SES DÉPLACEMENTS
À DES ENVIRONNEMENTS VARIÉS

OBJECTIFS | **CONSIGNES**

ÉVALUATION

Maitriser l'équilibre, la propulsion, les trajectoires, les changements de direction
- individuellement
- collectivement

Maitriser sa vitesse sur le plat ou en descente

Situation 1 **Parcours test chronométré**

Organisation

2 groupes : un qui effectue le parcours, l'autre qui évalue et chronomètre.
Ce parcours comprendra un maximum d'éléments travaillés lors des différentes séances : équilibre, propulsion (ralentissement, accélération, arrêt, changement de braquet), trajectoire.

› Slalome autour des plots.

› Passe sous le portique.

› Effectue un grand huit.

› Roule lentement.

› Prends un objet et va le poser sur la chaise.

› Passe sur les lattes posées.

› Accélère.

› Passe entre les lattes.

› Freine, renverse la première latte mais pas la deuxième.

› Réalise le plus rapidement possible le parcours sans mettre pied à terre et en faisant le moins de fautes possible.

Rouler en groupe

Situation 2 **Déplacement collectif**

› Déplacement en groupe de 6 sur un circuit protégé (distance variable entre 200 et 400 mètres), sur ce circuit une zone ralentir, une zone accélérer, un obstacle à contourner par la gauche ou par la droite, un point arrêt. À chaque tour, on change de meneur.

› 2 groupes effectuent le parcours, 2 groupes observent et notent. Chaque observateur suit un seul camarade.

Observateur	Garde sa place	Respecte les distances	Respecte les consignes
Cycliste			

Participer à la création d'une chorégraphie, la codifier et la restituer devant un public

Situation 3 **Présentation collective d'une chorégraphie**

Organisation

Dans un espace défini et délimité (20 mètres sur 40), groupe de 6.
La durée est limitée.
Possibilité de mettre un fond sonore.

› Présentez aux autres équipes ou à d'autres classes l'enchainement que vous avez créé.

Groupe	Niveau de difficulté	Équilibre Propulsion Trajectoire	Fluidité dans l'évolution	Originalité
	/2	/3	/3	/2

Évaluation

SITUATIONS

PARCOURS TEST CHRONOMÉTRÉ

DÉPLACEMENT COLLECTIF

PRÉSENTATION COLLECTIVE D'UNE CHORÉGRAPHIE

JEUX SPORTIFS COLLECTIFS

JEUX SPORTIFS COLLECTIFS : LE RUGBY

JEUX DE RAQUETTES : LE BADMINTON

JEUX DE LUTTE

CONDUIRE ET MAITRISER UN AFFRONTEMENT COLLECTIF OU INTERINDIVIDUEL

JEUX SPORTIFS COLLECTIFS

CONDUIRE ET MAITRISER
UN AFFRONTEMENT COLLECTIF
OU INTERINDIVIDUEL

Notre démarche

Notre démarche s'appuie sur une analyse des jeux et des sports collectifs. Elle permet de dégager les principes organisateurs de l'action communs à tous les sports collectifs :

- la maitrise d'un engin,
- la maitrise d'un espace délimité,
- la maitrise des relations avec les partenaires et les adversaires.

Notre approche

Notre approche s'appuie sur des jeux avec des règles simples qui permettent de :

- entrer dans l'activité sans trop de contraintes techniques,
- favoriser la réussite de tous,
- évoluer vers un sport collectif codifié ; du ballon château vers le handball, le football ou le basket-ball ; de la balle au capitaine vers l'ultimate ; des éperviers-déménageurs vers le rugby.

Nos moyens

- Le jeu libre qui permet d'être confronté à toutes les difficultés de la situation.
- Des ateliers qui permettent d'atteindre les objectifs dans la maitrise des engins.
- Des jeux dirigés qui permettent de viser des objectifs dans la maitrise de l'espace et des relations.

Nos dispositifs

Nos dispositifs, proposés sur la base d'un terrain de handball de 40 sur 20 mètres permettent un temps d'action maximum pour un maximum d'élèves.

- **Dispositif comprenant un terrain de jeu et des ateliers**

  Organisation de l'espace
  Un terrain de jeu occupe la moitié du plateau. Les ateliers sont installés sur l'autre moitié.
  Organisation de la classe
  4 à 6 équipes de niveau selon l'effectif de la classe.
  Organisation de la séance
  Les équipes vivent toutes les situations proposées par le dispositif mis en place par l'enseignant (jeu libre ou jeu dirigé et ateliers).

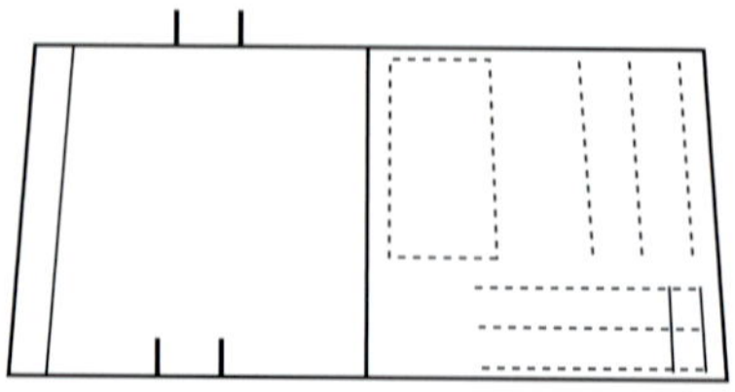

- **Dispositif comprenant 2 terrains de jeu**

  Organisation de l'espace
  Un terrain de jeu occupe chaque moitié du plateau.
  Organisation de la classe
  4 à 6 équipes de niveau selon l'effectif de la classe.
  Organisation de la séance
  Les équipes vivent les 2 situations proposées par le dispositif mis en place par l'enseignant (jeux libres et/ou jeux dirigés).

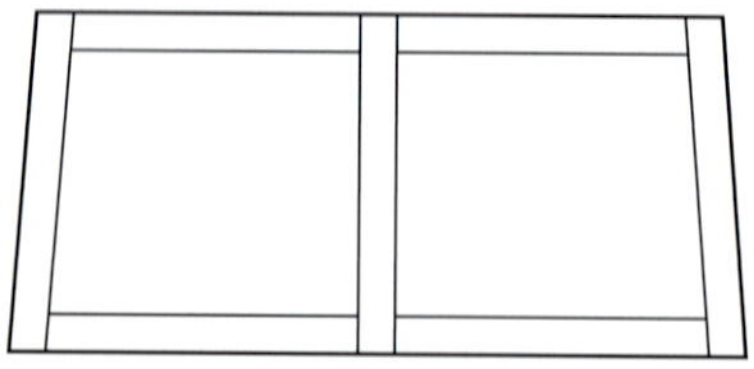

- **Dispositif comprenant 3 terrains de jeu**

  Organisation de l'espace
  3 terrains de jeu sont installés sur la longueur du plateau.
  Organisation de la classe
  6 équipes obligatoirement.
  Organisation de la séance
  Les équipes vivent les 3 situations proposées par le dispositif mis en place par l'enseignant (jeux libres et/ou jeux dirigés).

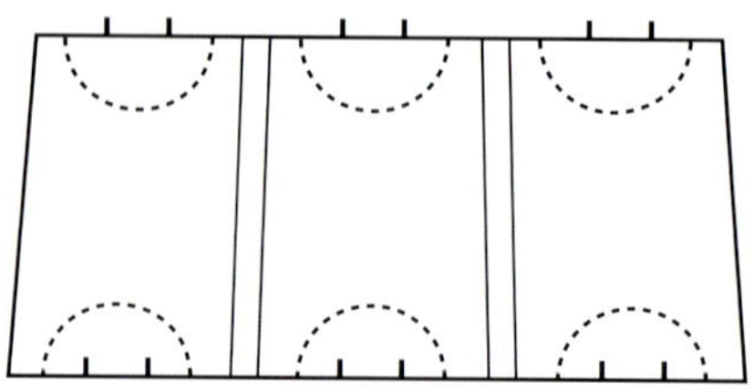

Trois jeux préalables aux sports collectifs

Handball - Basket-ball - Football

But du jeu

Faire progresser collectivement une balle pour tirer dans un but défendu par un gardien. Tirer sur une cible.

Règles essentielles

	Handball	Basket-ball	Football
Mise en jeu	Par le gardien	Ligne de fond	Milieu de terrain
Déplacement avec la balle	Drible	Drible	Conduite de balle
Reprise de drible	Interdite	Interdite	Permise
Faute : balle à l'équipe adverse	Endroit de la faute	Sur le côté (touche)	Endroit de la faute
Faute sur le tireur	Pénalty	1 lancer franc	Pénalty

Ballon château

But du jeu

Faire progresser collectivement une balle pour tirer sur des cibles disposées dans une zone neutre.

Règles essentielles

Celles-ci sont proposées sur la fiche entrée dans l'activité. Elles peuvent être adaptées si nécessaire.

Balle au capitaine

But du jeu

Faire progresser collectivement une balle et la transmettre à un joueur but qui se déplace dans une zone d'en-but.

Règles essentielles

Celles-ci sont proposées sur la fiche entrée dans l'activité. Elles peuvent être adaptées si nécessaire.

Objectifs d'apprentissage

Maitrise de l'engin
- tir
- conduite
- transmission

de l'espace
- projet d'attaque
- projet de défense

des relations
- projet d'attaque
- projet de défense

Ultimate

But du jeu

Faire progresser collectivement un frisbee pour le transmettre à un partenaire dans sa zone d'en-but.

Règles essentielles

Mise en jeu depuis sa ligne d'en-but.
Pas de déplacement avec le frisbee. Pas de contact.
Si passe interrompue, le disque est donné à l'équipe adverse.

Éperviers déménageurs

But du jeu

Transporter une balle pour la déposer dans une zone d'en-but.

Règles essentielles

Celles-ci sont proposées sur la fiche entrée dans l'activité. Elles peuvent être adaptées si nécessaire.

Rugby

But du jeu

Transporter un ballon pour le déposer dans une zone d'en-but.

Règles essentielles

Mise en jeu au milieu du terrain. Déplacement balle en main autorisé. Passe en arrière obligatoire.
Pas de placage au-dessus des épaules.

JEUX SPORTIFS COLLECTIFS

CONDUIRE ET MAITRISER UN AFFRONTEMENT COLLECTIF OU INTERINDIVIDUEL

OBJECTIFS	CONSIGNES

MATÉRIEL
★ Balles de tailles et de formes différentes, dossards, chasubles, sifflets, chronomètre.

ORGANISATION
★ 3 terrains de jeu. 6 équipes de 4 ou 5 joueurs.
★ Jeu 1 : ballon château (jeu au pied ou à la main)

SITUATIONS DE JEUX

Objectif : S'orienter et faire progresser la balle vers la cible

Situation 1 Ballon château (jeu au pied ou à la main)
Caractéristiques
Jeux de démarquage sur terrains interpénétrés ayant pour objectif de faire progresser collectivement une balle et tirer sur des cibles disposées dans une zone neutre.

But du jeu
Faire tomber le plus grand nombre de quilles dans le temps imparti.

› Mise en jeu au centre du terrain.
› Remise en jeu à l'endroit où la balle quitte l'aire de jeu.
› Pas de déplacements balle en main, drible autorisé.
› Si balle perdue, elle revient à la première équipe qui la récupère.
› Si jeu au pied, conduite de balle autorisée.

Objectif : Évaluer les actions des partenaires pour agir

Situation 2 Balle au capitaine (jeu à la main)
Caractéristiques
Jeux de démarquage sur terrains interpénétrés ayant pour objectif de faire progresser collectivement une balle et la transmettre à un joueur but qui se déplace dans une zone neutre.

But du jeu
Marquer des points dans le temps imparti en passant la balle à son joueur but.

› Mise en jeu depuis sa ligne d'en-but.
› Remise en jeu à l'endroit où la balle quitte l'aire de jeu.
› Pas de déplacements avec la balle.
› Si passe interrompue, la balle revient à la première équipe qui la récupère.

Objectif : Évaluer les actions des adversaires pour réagir

Situation 3 Éperviers déménageurs (jeu à la main)
Caractéristiques
Jeux de démarquage sur terrains interpénétrés ayant pour objectif de faire progresser collectivement une balle et la déposer dans une zone neutre (en-but).

But du jeu
Marquer le maximum de points dans le temps imparti en déposant la balle dans la zone d'en-but.

› Mise en jeu au milieu du terrain.
› Remise en jeu à l'endroit où la balle quitte l'aire de jeu.
› Déplacements autorisés balle en main.
› Si le joueur est arrêté balle en main, elle revient à l'équipe adverse.
› Si balle perdue, elle revient à la première équipe qui la récupère.

Entrée dans l'activité

SITUATIONS

BALLON CHÂTEAU

BALLE AU CAPITAINE

ÉPERVIERS DÉMÉNAGEURS

COMPORTEMENTS OBSERVÉS

Maitrise des engins

Les passes sont-elles précises?

Les élèves se débarrassent-ils de la balle?

Maitrisent-ils la conduite de balle ou le drible?

Occupation de l'espace

Les équipes se regroupent-elles autour de la balle (phénomène de grappe)?

Le jeu se déroule-t-il latéralement sans progression vers la cible?

Coopération/Opposition

Y a-t-il beaucoup de tentatives individuelles?

Les passes sont-elles utiles à la progression de la balle?

Tous les élèves participent-ils au jeu?

JEUX SPORTIFS COLLECTIFS

CONDUIRE ET MAITRISER UN AFFRONTEMENT COLLECTIF OU INTERINDIVIDUEL

OBJECTIFS

Passer pour :
- mettre un partenaire en position de tir
- faire progresser l'engin rapidement vers la cible
- éviter un ou plusieurs adversaires

Dribler pour :
- contourner un adversaire
- progresser vers la cible

Tirer pour marquer :
- tirer fort
- tirer précis

CONSIGNES

MATÉRIEL

★ Plots, cônes, constri-foot.
★ Chasubles ou dossards (2 ou 3 couleurs).
★ Sifflet, chronomètre, tableau de résultats.
★ Types de balles ou frisbees selon l'activité choisie.

ORGANISATION

★ Un terrain de jeu libre dans lequel une moitié de classe pratique en autonomie le sport collectif choisi et 3 ateliers proposant des situations d'apprentissage.

ATELIERS

Atelier 1 **Passe à 5**

Organisation
Un terrain rectangulaire délimité.
4 attaquants, 2 défenseurs.

› Enchainez 5 passes/réceptions sans perdre la balle (à la main ou au pied) ou le frisbee.
› Contact interdit.

VARIANTES
▶ Augmenter ou réduire l'espace.
▶ Augmenter ou réduire le nombre de défenseurs.

Atelier 2 **4 contre 2**

Organisation
Plusieurs couloirs délimités en parallèle.
4 attaquants, 2 défenseurs.

› Faites progresser la balle ou le frisbee vers la zone neutre et tirez sur la cible (balle : drible autorisé).
› Contact interdit.

VARIANTES
▶ Augmenter ou réduire l'espace.
▶ Augmenter ou réduire le nombre de défenseurs.
▶ Varier formes et tailles des cibles.

Atelier 3 **Dribler - Tirer**

Organisation
Des circuits parallèles balisés par des plots, des constri-foot.
Sous forme de relais.

› Conduis la balle entre les plots et tire sur la cible située dans une zone neutre.

VARIANTES
▶ Augmenter ou réduire l'espace entre les plots.
▶ Augmenter ou réduire la distance à parcourir.
▶ Varier la taille des cibles.

Maitriser des engins

SITUATIONS

PASSE À 5

4 CONTRE 2

DRIBLER - TIRER

COMPORTEMENTS RECHERCHÉS

Pour les passeurs

S'éloigner des défenseurs

Se placer à une distance judicieuse du porteur de ballon

Adapter sa passe en fonction de la position des joueurs

Être en déplacement

Pour les défenseurs

Se placer entre le porteur du ballon et ses partenaires

Détacher le regard du ballon, du frisbee

Orienter le contact main ou pied avec le ballon dans le sens du déplacement

Doser l'énergie transmise à la balle

JEUX SPORTIFS COLLECTIFS

CONDUIRE ET MAITRISER UN AFFRONTEMENT COLLECTIF OU INTERINDIVIDUEL

OBJECTIFS	CONSIGNES

S'orienter pour :

- progresser vers la cible
- s'opposer

MATÉRIEL

★ Plots, cônes, constri-foot.
★ Chasubles ou dossards (2 ou 3 couleurs).
★ Sifflet, chronomètre, tableau de résultats.
★ Types de balles ou frisbees selon l'activité choisie.

ORGANISATION

★ Deux terrains de jeux, 4 à 6 équipes.

SITUATIONS DE JEUX

Situation 1 **Jeu des 3 zones**

Organisation

3 zones, 1 attaquant et 1 défenseur par zone, 1 gardien pour chaque équipe

› La balle va obligatoirement d'une zone à l'autre par une passe.
› Les joueurs restent dans leur zone.
› Le point est marqué obligatoirement à partir de la zone la plus proche.

VARIANTES

▶ Un joueur libre qui peut se déplacer dans les 3 zones.
▶ Modifier la répartition des joueurs par zone.

Se déplacer pour créer le danger :

- participer au projet d'attaque
- se rendre disponible
- écarter le jeu

Situation 2 **Joueur joker**

Organisation

2 équipes, 1 joueur joker par équipe.

› Le joueur joker peut se déplacer sans ballon ou frisbee le long de la ligne de touche. Il est inattaquable.
› Le joueur joker ne peut pas marquer le point.
› Le joueur joker ne peut pas se déplacer avec la balle ou le frisbee.
› Le point est marqué lorsque le ballon ou le frisbee est amené dans la zone d'en-but.

VARIANTE

▶ 2 joueurs jokers par équipe, un de chaque côté du terrain.

Se replacer pour :

- organiser le projet défensif
- récupérer l'engin

Situation 3 **Jeu des couloirs**

Organisation

3 couloirs, 2 équipes, 1 attaquant et 1 défenseur dans les couloirs extérieurs, 1 gardien par équipe.

› Les joueurs se déplacent uniquement dans leur couloir.
› Le point peut être marqué depuis les 3 couloirs.
› Déplacement en fonction du sport collectif choisi.

VARIANTE

▶ Un joueur libre pouvant se déplacer dans les 3 couloirs.

Maitriser l'espace

SITUATIONS	COMPORTEMENTS RECHERCHÉS

JEU DES 3 ZONES

Se placer pour:
- attaquer la cible
- défendre sa cible

JOUEUR JOKER

Se déplacer pour:
- s'éloigner du porteur de l'engin
- se démarquer du défenseur

JEU DES COULOIRS

Se replacer sur la trajectoire des attaquants pour:
- gêner la progression de l'engin
- gêner ou empêcher le tir ou la passe

JEUX SPORTIFS COLLECTIFS

CONDUIRE ET MAITRISER UN AFFRONTEMENT COLLECTIF OU INTERINDIVIDUEL

OBJECTIFS	CONSIGNES

OBJECTIFS

Coopérer pour faire progresser la balle vers la cible

CONSIGNES

MATÉRIEL

★ Plots, cônes, constri-foot.
★ Chasubles ou dossards (2 ou 3 couleurs).
★ Sifflet, chronomètre, tableau de résultats.
★ Types de balles ou frisbees selon l'activité choisie.

ORGANISATION

★ 3 terrains de jeux, 6 équipes.

SITUATIONS DE JEUX

Situation 1 **Jeu des rideaux défensifs**

› 4 attaquants contre 2x2 défenseurs. Les 2 premiers défenseurs interviennent uniquement dans la première moitié du terrain dès que le gardien a engagé. Les deux autres défenseurs entrent en action dès que la balle franchit la ligne médiane.

› Les attaquants marquent un point lorsque la cible est atteinte (but, panier ou zone).

VARIANTE

▶ Modifier les zones d'intervention.

OBJECTIFS

L'appel de balle

Démarquage simple

Situation 2 **Joueur neutre**

Organisation

2 équipes, un joueur neutre dans une zone neutre centrale, règles du sport collectif choisi

› La balle ou le disque passent obligatoirement par le joueur neutre.

› Le joueur neutre est inattaquable.

› Aucun autre joueur ne peut rester plus de 3 secondes dans la zone neutre.

VARIANTES

▶ Modifier la largeur de la zone neutre.
▶ Ajouter un 2e joueur neutre.

OBJECTIFS

Coopérer pour s'opposer à la progression de la balle

Défense individuelle

Pressing

Situation 3 **Jeu en surnombre**

Organisation

2 équipes, règles du sport collectif choisi.

› L'équipe qui défend évolue avec un joueur en moins.

VARIANTE

▶ Celui qui marque un point sort.

Remarque pour les 3 jeux

Les points sont marqués selon les règles du sport collectif choisi.

Maitriser des relations

SITUATIONS

JEU DES RIDEAUX DÉFENSIFS

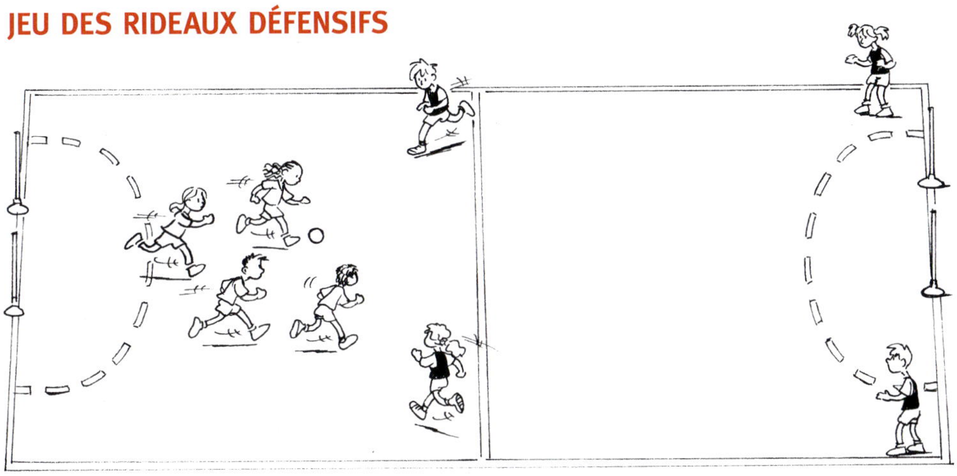

JOUEUR NEUTRE

JEU EN SURNOMBRE

COMPORTEMENTS RECHERCHÉS

Appeler la balle en se démarquant

Se déplacer vers la cible après la passe

Marquage individuel

Gêner le porteur de l'engin

Tenter d'intercepter la balle ou le frisbee

JEUX SPORTIFS COLLECTIFS

CONDUIRE ET MAITRISER
UN AFFRONTEMENT COLLECTIF
OU INTERINDIVIDUEL

OBJECTIFS

Coopérer avec ses partenaires pour affronter collectivement des adversaires

En attaque

- Progresser vers la cible
- Conserver le ballon ou le frisbee
- Passer le ballon ou le frisbee à un partenaire démarqué
- Recevoir le ballon ou le frisbee à l'arrêt ou en mouvement

En défense

- Reprendre le ballon ou le frisbee
- Se placer activement sur les trajectoires des passes
- Occuper l'espace

CONSIGNES

MATÉRIEL

★ Plots, cônes, constri-foot.
★ Chasubles ou dossards (2 ou 3 couleurs).
★ Sifflet, chronomètre, tableau de résultats.
★ Types de balles ou frisbees selon l'activité choisie.

ORGANISATION

★ 3 terrains de jeux, 6 équipes

ÉVALUATION

Organisation

Le jeu choisi se déroule selon les règles élaborées par le groupe ou selon les règles codifiées.
Les équipes qui ne jouent pas observent, à l'aide d'une grille d'observation, les effets des actions des élèves sur le terrain.

› Un observateur suit un seul joueur, toutes les observations sont quantifiables.

› L'enseignant évalue les actions des élèves à l'aide d'une grille d'évaluation.

Évaluation

Grille d'observation pour les élèves

COMPTE	DÉBUT DE CYCLE	FIN DE CYCLE
Nombre de contacts avec la balle ou le frisbee		
Nombre de passes effectuées		
Nombre de passes réussies		
Nombre de tirs tentés		
Nombre de tirs réussis		

Grille d'évaluation pour l'enseignant

	NIVEAU 1 Novice	NIVEAU 2 Pratiquant	NIVEAU 3 Expert
MAITRISE DES ENGINS			
Maitrise différentes formes de passes			
Enchaine, drible et tire			
Enchaine, drible et passe			
MAITRISE DE L'ESPACE			
S'éloigne du porteur de balle			
Se démarque du défenseur			
MAITRISE DES RELATIONS			
Avec les partenaires			
Se déplace pour appeler le ballon ou le disque			
Se déplace vers la cible après une passe			
Avec les adversaires			
Marque efficacement un attaquant			
Gêne la passe ou le tir			

JEUX SPORTIFS COLLECTIFS LE RUGBY

CONDUIRE ET MAITRISER UN AFFRONTEMENT COLLECTIF OU INTERINDIVIDUEL

OBJECTIFS	CONSIGNES

Objectifs :

Se déplacer dans un espace orienté en tenant compte des adversaires (feinter - esquiver)

Réagir vite aux changements de trajectoire des adversaires

MATÉRIEL

★ Plusieurs ballons (rugby, foot, hand, médecine-ball...), au moins un ballon par déménageur, posés derrière la ligne de fond du terrain de jeu, jeux de maillots.

★ Terrain rectangulaire (20 à 30 mètres sur 10 à 15 mètres), délimité.

SITUATIONS DE JEUX

Situation 1 Jeu des déménageurs

Organisation

Partager la classe en 3 tiers: un tiers d'éperviers et 2 tiers de déménageurs puis rotation par tiers à chaque manche pour varier les rôles.
Durée d'une manche: 3 à 4 minutes.

But

Déménageurs: transporter tous les ballons derrière la ligne de fond opposée, en un temps donné.
Éperviers: empêcher les déménageurs de poser les balles derrière la ligne sans leur faire mal.

› Chaque déménageur ne peut transporter qu'un ballon à la fois.

› Un déménageur touché ou bloqué doit retourner à son point de départ pour rejouer.

VARIANTES

▸ Varier la largeur du terrain: l'augmenter pour favoriser les déménageurs, la diminuer pour favoriser les éperviers.

▸ Inciter les enfants à partir en petits groupes pour favoriser la coopération et les passes: un porteur du ballon et les autres en soutien.

Objectifs :

Se confronter alternativement au cours d'une même séance aux rôles:
- d'attaquant
- de défenseur
- d'observateur

Situation 2 Jeu du Pose Ballon

Dispositif et organisation

Partager la classe en 3 tiers: 2 tiers de joueurs et un tiers d'observateurs.
Rotation par tiers à chaque manche pour varier les rôles.
Durée d'une manche: 3 à 4 minutes.
Les 2 équipes sont face à face, distantes d'environ 3 mètres.
L'enseignant lance le ballon à l'équipe attaquante.
Le jeu commence dès que le ballon est dans les mains du 1er attaquant.

But

Attaquants: aller aplatir le ballon derrière la ligne de fond opposée.
Défenseurs, sans leur faire mal, empêcher les attaquants de poser la balle derrière la ligne.

› Si la balle sort du terrain, les 2 équipes se replacent face à face espacées de 3 mètres à l'endroit où la balle est sortie.

› Si la balle est interceptée par un défenseur, le jeu se poursuit puis changement de rôles.

› Après un point marqué, le jeu reprend au centre du terrain. La balle est donnée aux attaquants.

VARIANTE

▸ Ne plus autoriser la passe en avant. En cas de passe en avant, le jeu s'arrête et la balle est rendue à l'équipe adverse. La remise en jeu est faite à l'endroit de la faute.

Entrée dans l'activité

SITUATIONS | **COMPORTEMENTS OBSERVÉS**

JEU DES DÉMÉNAGEURS

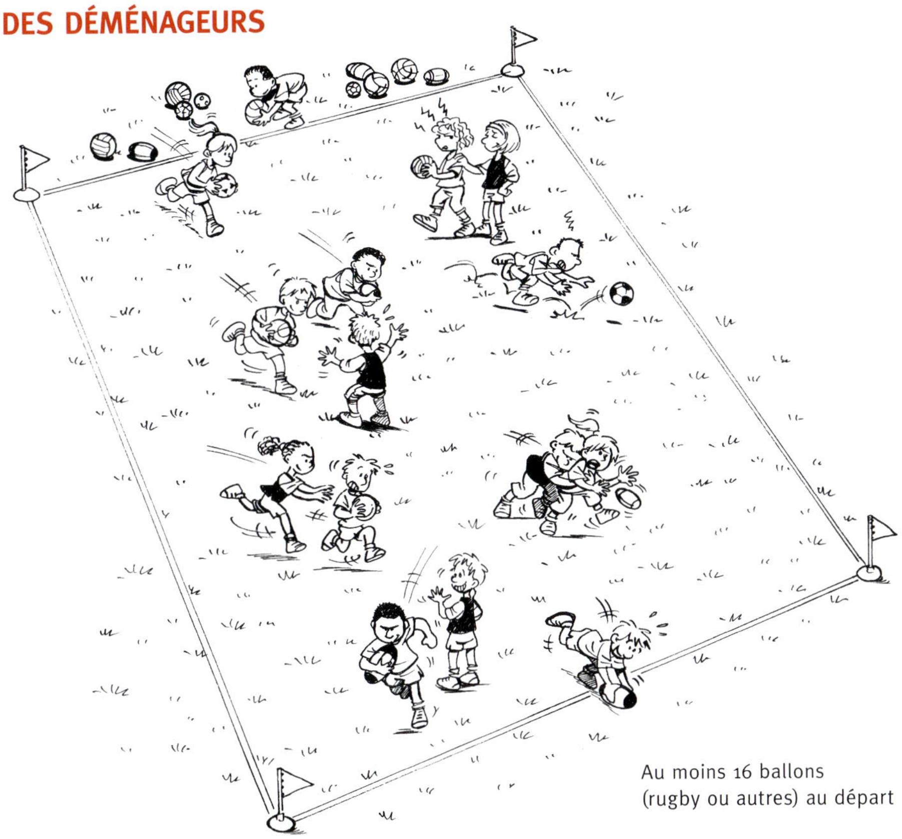

Au moins 16 ballons (rugby ou autres) au départ

L'enfant déménageur...

- Court-il vite ?
- Fait-il des feintes ?
- Recule-t-il pour échapper à l'épervier ?
- Transporte-t-il beaucoup de balles ?

L'enfant épervier...

- Touche-t-il le déménageur ?
- Bloque-t-il le déménageur ?

JEU DU POSE BALLON

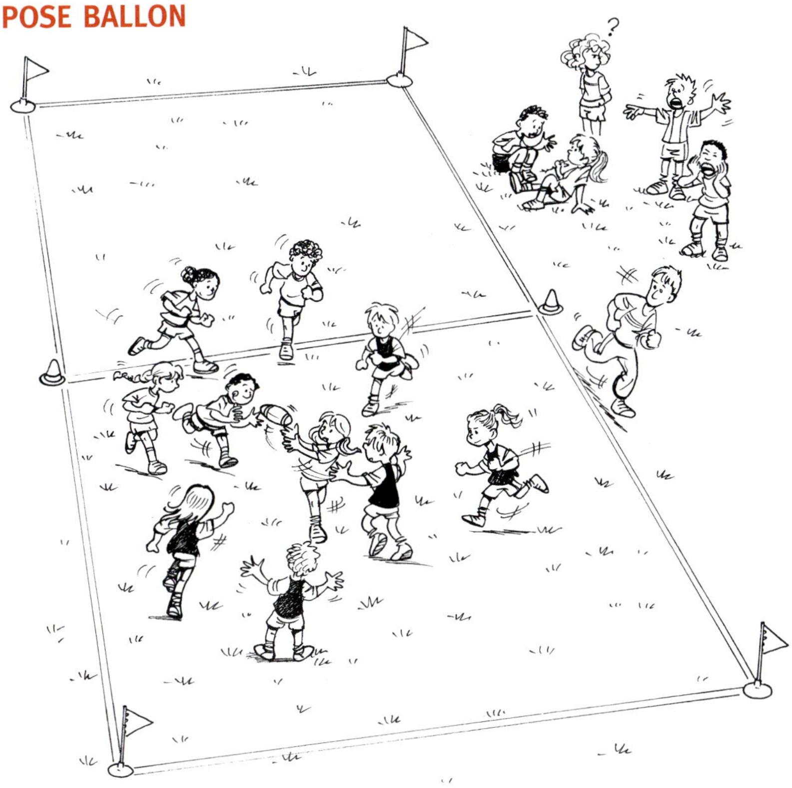

L'enfant...

- Accepte-t-il le contact ?
- Recule-t-il pour échapper au défenseur ?
- Bloque-t-il l'attaquant ?
- Fait-il des passes ?
- Pratique-t-il la passe en arrière ?
- Se replace-t-il pour recevoir le ballon ?

Le ballon...
(lorsqu'il est mis en jeu)

- Avance-t-il vers la ligne adverse ?
- Recule-t-il ?
- Reste-t-il bloqué dans la *grappe* ?

JEUX SPORTIFS COLLECTIFS LE RUGBY

CONDUIRE ET MAITRISER UN AFFRONTEMENT COLLECTIF OU INTERINDIVIDUEL

OBJECTIFS

Remédier à l'effet de grappe

Utiliser le surnombre pour conserver la balle

Exploiter les espaces libres

CONSIGNES

MATÉRIEL

- ★ Jeux de maillots.
- ★ 4 ballons de rugby (1 par mini-terrain).
- ★ Plots.

ORGANISATION

- ★ Terrain de 15x30 m divisé en quatre mini-terrains.
- ★ Jeu à effectif réduit : 6 attaquants contre 2 défenseurs (équipes homogènes) sur chaque mini-terrain.

SITUATION DE JEUX

Situation 1 **Attaque en surnombre**

But

Marquer le plus d'essais possible en un temps donné.

- › Attaquant :
  amène et aplatis la balle derrière la ligne d'en-but opposée.
  Passe la balle à un partenaire si tu es bloqué par un défenseur.
- › Défenseur :
  essaie de prendre la balle et empêche les attaquants d'aller marquer.

VARIANTES

- ▶ Modifier le nombre de joueurs :
  6 contre 3, 6 contre 4 puis 6 contre 6.
- ▶ Modifier la taille du terrain :
  diminuer la largeur pour favoriser les contacts et les regroupements, augmenter la largeur pour favoriser les contournements.

Jouer en surnombre

SITUATIONS

COMPORTEMENTS RECHERCHÉS

Protéger la balle, s'esquiver

Sortir le ballon le plus vite possible du regroupement puis l'éloigner de l'adversaire

Jouer avec des partenaires démarqués

ATTAQUE EN SURNOMBRE

JEUX SPORTIFS COLLECTIFS LE RUGBY

CONDUIRE ET MAITRISER UN AFFRONTEMENT COLLECTIF OU INTERINDIVIDUEL

OBJECTIFS

Faire progresser la balle vers l'avant:

- utiliser les espaces libres pour avancer
- s'organiser avec ses partenaires
- choisir entre courir et passer la balle

CONSIGNES

MATÉRIEL

★ Jeux de maillots.
★ 1 ballon de rugby.
★ Plots.

MATÉRIEL

★ Terrain de 10 x 20 m divisé en 6 zones.
★ A chaque zone atteinte par les attaquants correspond un nombre de points (essai: 5 points).
★ Jeu à effectif normal: 7 contre 7 (équipes de même niveau).

SITUATION DE JEUX

Situation 1 **Gagne terrain**

Déroulement

Le ballon est donné au départ à l'équipe attaquante en milieu de terrain.
Le jeu s'arrête lorsque:

- les attaquants perdent le ballon
- le ballon est bloqué et ne peut plus avancer (ou être joué)
- les joueurs commettent une faute (geste violent, joueur attaquant placé devant le ballon, antijeu notoire)
- un essai est marqué.

La remise en jeu s'effectue alors au milieu du terrain.
Le ballon sera donné tour à tour à chacune des équipes (alternance des rôles défenseurs/attaquants).

› Attaquant:
avance avec le ballon dans les espaces libres pour franchir les zones et marque le plus de points possible.
Quand tu arrives près d'un adversaire, avant d'être bloqué par un défenseur, fais la passe à un coéquipier qui pourra encore avancer (pas de passe en avant).
Si tu es au sol, lâche le ballon en le posant vers tes partenaires.

› Défenseur:
empêche les attaquants d'avancer et d'aller marquer des essais.
En cas de faute d'un défenseur, le jeu reprend dans la zone où la faute a eu lieu.

VARIANTE

▶ Si les attaquants ont des difficultés à avancer ou à marquer: réduire le nombre de défenseurs (7 contre 5, 7 contre 4) et modifier la taille du terrain en augmentant la largeur afin de favoriser la recherche des espaces libres pour avancer.

Gagner du terrain avec le ballon

SITUATIONS	COMPORTEMENTS RECHERCHÉS

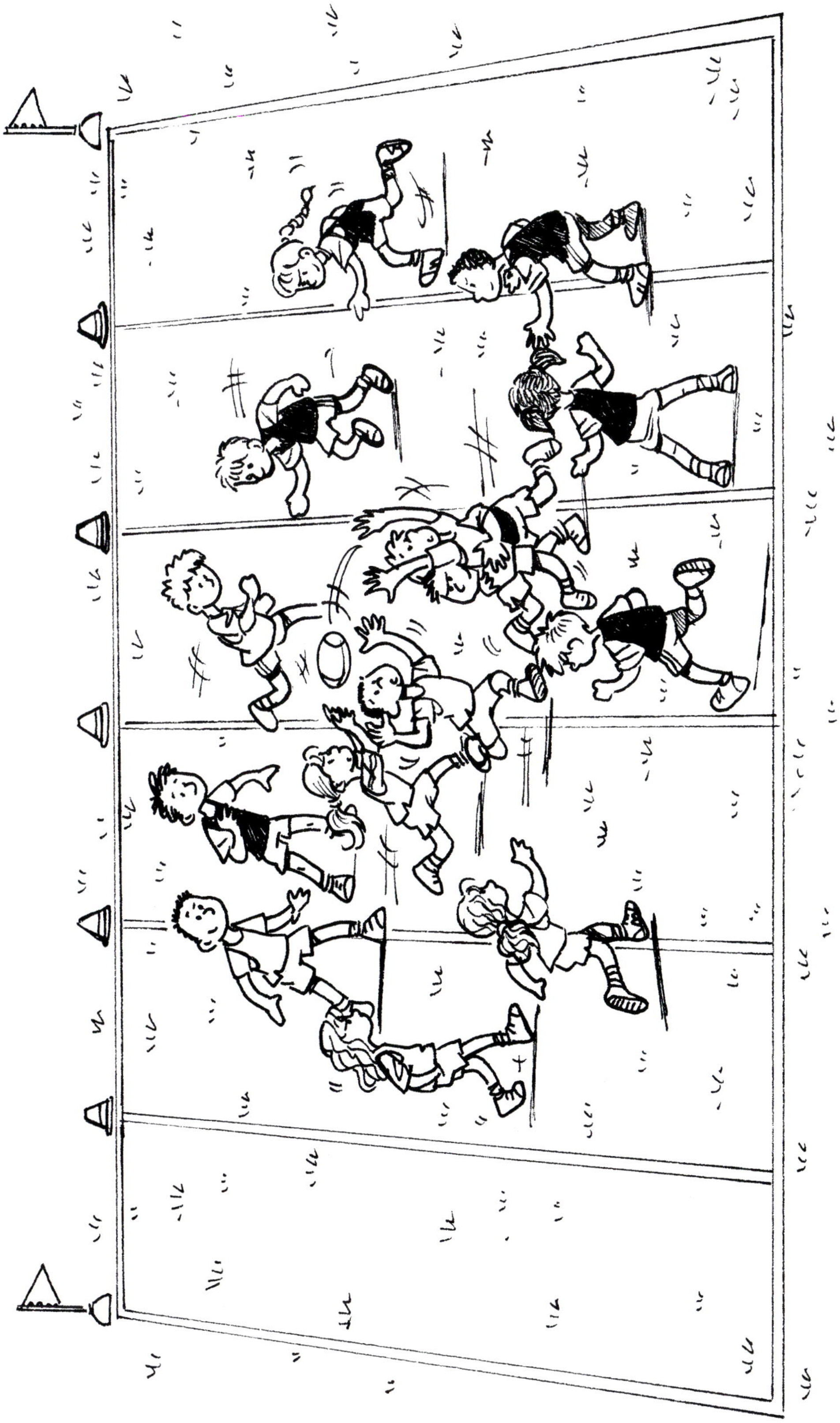

Esquiver, protéger la balle

Avancer avec la balle

Suivre le coéquipier qui avance (être en soutien)

Faire la passe avant d'être bloqué

JEUX SPORTIFS COLLECTIFS LE RUGBY

CONDUIRE ET MAITRISER UN AFFRONTEMENT COLLECTIF OU INTERINDIVIDUEL

OBJECTIFS	CONSIGNES

Accepter d'être bloqué, plaqué, de tomber au sol

Savoir plaquer

MATÉRIEL

★ Jeux de maillots, ballons de rugby, plots.

SITUATIONS DE JEUX

Situation 1 Accepter le contact

Organisation

Espace délimité de 5x2 mètres.
Jeu à 1 contre 1: un attaquant avec ballon en main et un défenseur.
Le défenseur est en contact avec l'attaquant (mains sur les épaules par exemple).
L'attaquant tourne le dos à sa ligne d'en-but et au défenseur.
5 tentatives - 1 point par réussite - changement de rôle.

› Attaquant:
au signal, tente d'aller marquer l'essai (derrière ta ligne d'en-but).

› Défenseur:
au signal, tente de saisir l'attaquant plus bas que les épaules et de le bloquer (voire de le plaquer, si on joue sur herbe).

Remarques

Dans la mesure du possible, les situations de plaquage devraient être travaillées au cours de chaque cycle, sur herbe. Pour plaquer un adversaire sans se faire mal et sans lui faire mal, il faut le saisir au niveau de la taille et tomber avec lui.

VARIANTES

▸ Modifier le type de contact initial.
▸ Modifier la distance à parcourir pour aller marquer.
▸ Apparier les joueurs.
▸ Travailler en triplette (2e attaquant en soutien pour favoriser la passe).

Continuer à avancer malgré l'opposition

Récupérer le ballon

Situation 2 Garder la balle malgré l'action du défenseur

Organisation

Terrain de 8x15 mètres.
Jeu à 4 attaquants contre 2 défenseurs, 1 lanceur de jeu.
Les élèves sont regroupés selon le critère «acceptation du contact».
Les joueurs occupent alternativement tous les rôles: attaquants, défenseurs, lanceurs du jeu.
Chaque équipe attaque 5 fois de suite.
5 points par essai marqué, 2 points par ballon récupéré.

› Attaquant:
au signal, tente d'aller marquer l'essai (derrière ta ligne d'en-but).

› Défenseur:
au signal, tente de récupérer le ballon.

VARIANTES

▸ Dimensions du terrain.
▸ Nature du surnombre.
▸ Marque attribuée.

› Lanceur du jeu: Au signal, envoie le ballon à l'un des attaquants.
Compte les points et arbitre les phases de jeu.

Accepter le contact - Garder la balle

SITUATIONS

COMPORTEMENTS RECHERCHÉS

ACCEPTER LE CONTACT

Réagir vite au signal

Continuer à avancer malgré l'action du défenseur

Réussir à bloquer l'adversaire pour l'empêcher d'avancer

Plaquer sans faire mal

GARDER LA BALLE MALGRÉ L'ACTION DU DÉFENSEUR

Éviter de se faire prendre la balle, protéger son ballon

Esquiver ou pousser pour prendre le dessus sur les défenseurs

JEUX SPORTIFS COLLECTIFS LE RUGBY

CONDUIRE ET MAITRISER UN AFFRONTEMENT COLLECTIF OU INTERINDIVIDUEL

OBJECTIFS

Coopérer avec ses partenaires pour affronter collectivement des adversaires

En attaque

- Progresser vers la cible
- Conserver le ballon
- Passer le ballon à un partenaire démarqué
- Recevoir le ballon à l'arrêt ou en mouvement

En défense

- Reprendre le ballon
- Se placer activement sur les trajectoires des passes
- Occuper l'espace

CONSIGNES

L'évaluation des élèves peut être menée de 2 manières.

› Évaluation individuelle en se servant de la grille ci-contre. L'évaluation pourra être menée en cours de cycle d'apprentissage, au fur et à mesure de l'acquisition des différentes capacités.

› L'évaluation peut également se dérouler par le biais de l'organisation d'une rencontre de fin de cycle.

Évaluation en fin de cycle d'apprentissage: rencontre au sein de la classe

Comment répartir les élèves?	4 équipes de niveau dans la classe: › 2 équipes de niveau 1 (très forts et forts), › 2 équipes de niveau 2 (bons et moyens), - rencontre sur 1 terrain aménagé extérieur si possible (env. 15x30 mètres)
Que leur proposer?	Des matchs entre les 2 équipes de même niveau, observés voire arbitrés par les joueurs des deux autres équipes.
Quels rôles vont-ils jouer?	Tous les rôles: › joueur › arbitre › observateur
Que va-t-on évaluer?	› leurs habiletés motrices (voir la grille ci-contre), › leur niveau de jeu et de stratégie (voir la grille ci-contre), › leur capacité à assurer le rôle d'arbitre.

Règles essentielles

› Mise en jeu au milieu du terrain.

› Déplacement balle en main autorisé.

› Passe en arrière obligatoire.

› Pas de placage au-dessus des épaules.

Évaluation

Grille d'évaluation Rugby

NOMS	Habiletés motrices des attaquants								Habiletés motrices des défenseurs		
	Sort rapidement le ballon du regroupement	Éloigne le ballon du défenseur	Joue dans les espaces libres	Esquive l'adversaire	Protège son ballon	Fait la passe avant d'être bloqué	Continue d'avancer malgré l'action du défenseur	Suit son coéquipier qui avance avec le ballon	Plaque sans faire mal	Réussit à bloquer l'adversaire pour l'empêcher d'avancer	Réussit à prendre le ballon à l'attaquant

JEUX DE RAQUETTES LE BADMINTON

CONDUIRE ET MAITRISER UN AFFRONTEMENT COLLECTIF OU INTERINDIVIDUEL

OBJECTIFS	CONSIGNES

Se familiariser avec la raquette et le volant par le jeu

SITUATIONS DE JEUX

Situation 1 **Les volants brulants**

Matériel

1 raquette par enfant, environ 30 volants, cerceaux posés au sol.

Organisation

Classe partagée en 3 équipes de même nombre de joueurs.
2 camps matérialisés.
Cerceaux posés au sol afin de définir les zones de relance.
2 équipes jouent, 1 équipe arbitre.
Nombreux volants répartis dans les 2 camps.
Temps de jeu: 1 à 2 minutes.

But

Au signal de fin de jeu, avoir dans son camp moins de volants que l'équipe adverse.

› Au coup de sifflet, envoyez tous les volants dans le camp adverse. On envoie un volant à la fois.
› Le jeu s'arrête au second coup de sifflet.
› Retourner dans son cerceau pour envoyer le volant.

VARIANTES

▶ Avec ou sans filet (hauteur maximum 1,55 mètre).
▶ Modifier les dimensions du terrain.

Renvoyer le volant en jeu

Situation 2 **La défense du château**

Matériel

1 raquette par enfant, 5 volants par enfant, plots pour délimiter le château, lignes d'attaque.

Organisation

2 équipes.
Dimensions de la cible: un carré de 3 mètres de côté.
Distance entre attaquants et défenseurs: 3 mètres (2e carré de 9 mètres).
Inversion des rôles.
Durée du jeu: entre 1 et 2 minutes.

But

Envoyer le plus de volants dans le château.

› Au coup de sifflet:
- pour les attaquants, envoyer le plus de volants possible dans le château,
- pour les défenseurs, dégager le plus de volants possible.

› Les volants qui tombent entre la zone de tir et la cible peuvent être récupérés et remis en jeu par les attaquants, mais ceux-ci doivent revenir derrière la ligne de tir pour les renvoyer.

Entrée dans l'activité

SITUATIONS	COMPORTEMENTS OBSERVÉS

LES VOLANTS BRULANTS

L'enfant...

- Réussit-il chaque fois à frapper le volant?
- Se place-t-il pour intercepter les volants venant du camp opposé?
- Envoie-t-il les volants dans les limites du camp adverse?

LA DÉFENSE DU CHÂTEAU

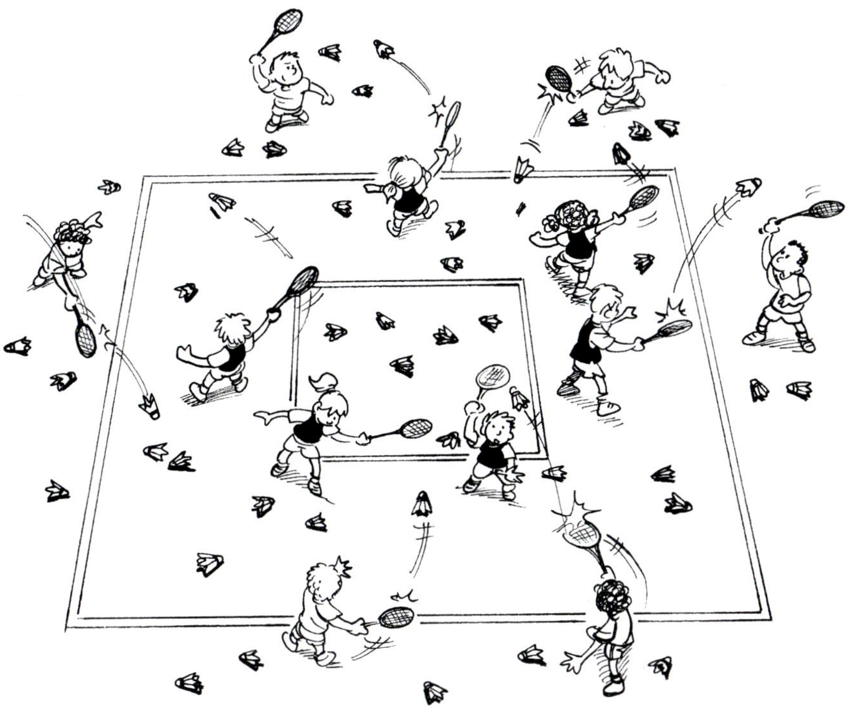

L'enfant...

- Réussit-il chaque fois à frapper le volant?
- Se place-t-il pour renvoyer les volants venant du camp opposé?
- Envoie-t-il les volants dans les limites du château?

JEUX DE RAQUETTES LE BADMINTON

CONDUIRE ET MAITRISER UN AFFRONTEMENT COLLECTIF OU INTERINDIVIDUEL

OBJECTIFS	CONSIGNES
Jouer en coopération	**SITUATIONS EN ATELIERS** Atelier 1 **Échanges** **Matériel** Avec ou sans filet (1,55 mètre de hauteur maximale). 1 volant pour 3 enfants. 2 raquettes pour 3 enfants. **Organisation** Par 3 (2 joueurs, 1 arbitre). Temps de jeu : 2 minutes (puis changement de rôle). **But** Réaliser le plus d'échanges possible. › Servez chacun à tour de rôle. › Comptez le nombre de frappes, sans que le volant ne tombe au sol. › Remettez le compteur à 0 à chaque fois que le volant tombe au sol.
Doser l'énergie de la frappe Centrer le volant sur le tamis	Atelier 2 **Jonglages** **Matériel** 1 volant par enfant. 1 raquette par enfant. **But** Réaliser le plus de jonglages possible. › Fais rebondir le volant sur la raquette le plus de fois possible sans le faire tomber. › Remets le compteur à 0 chaque fois que le volant tombe au sol.
Combiner puissance et orientation de la frappe	Atelier 3 **Lancer loin** **Matériel** Volant et 1 raquette pour 2 enfants. Plots pour délimiter la distance à parcourir. **Organisation** Par 2 : 1 joueur, 1 arbitre. **But** Faire parcourir 30 mètres au volant en faisant le moins de lancers possible. › Lance ton volant loin devant en le frappant de bas en haut à la cuillère. › Relance-le à partir de l'endroit où il est tombé, puis recommence jusqu'à ce qu'il ait dépassé la limite. › L'arbitre compte le nombre de frappes.

Diagnostic

SITUATIONS	COMPORTEMENTS OBSERVÉS

ÉCHANGES

L'enfant...

- Arrive-t-il à envoyer?
- Arrive-t-il à envoyer vers l'autre?

Le receveur...

- Se place-t-il sur la trajectoire du volant lorsqu'il est receveur?

JONGLAGES

L'enfant...

- Se déplace-t-il ou reste-t-il sur place?
- Envoie-t-il le volant verticalement?
- Frappe-t-il fort ou doucement?

LANCER LOIN

Le volant

- Part-il vers l'oblique avant?

L'enfant

- A-t-il les pieds décalés?

JEUX DE RAQUETTES LE BADMINTON

CONDUIRE ET MAITRISER UN AFFRONTEMENT COLLECTIF OU INTERINDIVIDUEL

OBJECTIFS	CONSIGNES

SITUATIONS DE JEUX

Situation 1 Tir sur cibles

Objectifs : Moduler l'énergie et l'orientation de la frappe en fonction de la position et de la taille de la cible

Matériel
1 raquette par enfant, 1 feuille de route par équipe, minimum 5 volants par équipe, cerceaux, plots, tapis de gym ou autre cible matérialisée (verticale ou au sol), filet sur un des terrains (carré de service matérialisé).

Organisation
Par équipes, en colonne face aux cibles, rotation des équipes dans les ateliers.

› Au signal, place-toi derrière le plot et frappe le volant *à la cuillère.*
› Envoie successivement les 5 volants sur la cible.
› Compte le nombre de réussites et inscris-les sur la feuille de route.
› Lorsque tu vises le carré de service, tu dois toujours servir en diagonale.

VARIANTE
- Envoyer le volant à la main (par en bas) en cas de difficulté.

Situation 2 Jonglages

Objectifs : Adapter son déplacement en fonction de la trajectoire du volant

Jouer en coopération

Matériel
1 volant pour 2, 1 raquette par enfant.

Organisation
Par 2 en dispersion dans la salle.

But
Enchainer jonglages et échanges sans faire tomber le volant.

› Jonglez à tour de rôle puis renvoyez le volant vers votre partenaire.

VARIANTE
- En se déplaçant : fixer des points de départ et d'arrivée.

Situation 3 Jeu en coopération

Objectifs : Maitriser la trajectoire du volant

Jouer en coopération (doubles)

Jouer avec un partenaire

Jouer contre 2 adversaires

Repérer les limites du terrain de doubles

Matériel
1 raquette par joueur, 1 volant, terrain matérialisé, filet.

Organisation
Par 3 ou par 4 : 2 joueurs et 1 ou 2 arbitres.

But
Réaliser le plus d'échanges possible avec son partenaire.

En simples
› Renvoyez le volant par-dessus le filet sans le laisser tomber au sol.
› Comptez le nombre d'échanges.

VARIANTES
- Faire varier l'espace de jeu en fonction de la réussite des joueurs.
- Systématiser le replacement au centre du terrain après chaque frappe.
- Limiter l'espace d'évolution de chaque joueur en le plaçant dans un cerceau disposé au sol.

En doubles
› Jouez en doubles en coopération.
› Chaque joueur frappe à son tour et se replace en fonction de son coéquipier.

Maitriser l'engin et le projectile

SITUATIONS	COMPORTEMENTS RECHERCHÉS

TIR SUR CIBLES

- Avoir les pieds décalés
- Tenir la raquette en prise coup droit
- Regarder la cible

JONGLAGES

- Frapper verticalement
- Envoyer le volant à une hauteur suffisante
- Lire la trajectoire du volant pour se replacer.

JEU EN COOPÉRATION

- Envoyer vers l'adversaire
- Réaliser des trajectoires en cloche
- Se placer sous le volant
- Se placer pour ne pas gêner son partenaire

JEUX DE RAQUETTES LE BADMINTON

CONDUIRE ET MAITRISER UN AFFRONTEMENT COLLECTIF OU INTERINDIVIDUEL

OBJECTIFS	CONSIGNES

SITUATIONS DE JEUX

Varier les coups : jouer court ou jouer long

Situation 1 Jouer dans les zones

Matériel
2 raquettes par terrain, 1 volant par équipe, filet, plots.

Organisation
Un demi-terrain partagé en 3 zones.
Zone interdite au volant : zone du milieu.

But
Envoyer 5 fois le volant dans la zone indiquée.

› Joueur A : envoie le volant 5 fois de suite dans la zone 1, puis 5 fois de suite dans la zone 3.

› Joueur B : place-toi toujours au milieu du terrain au coup d'envoi (dans la zone B) et renvoie le volant sur le joueur A.

› Inversez les rôles.

VARIANTES
- Varier le nombre de coups dans chaque zone.
- Matérialiser 3 zones des 2 côtés du filet :
  - imposer 3 échanges en zone 1, puis 3 échanges en zone 3,
  - au choix des joueurs, alternance de coups en zones 1 et 3.

Varier les rythmes de l'échange

Jouer pour marquer

Situation 2 Rompre l'échange

Matériel
1 raquette par joueur, volant, filet, plots.

Organisation
Groupes de 3 : 2 joueurs et 1 arbitre.

But
Au signal sonore, marquer le plus vite possible.

En simples

› Sers en diagonale (D/D ou G/G), *à la cuillère*.

› Jouez d'abord en coopération. Au signal de l'arbitre, chacun essaie de marquer le point.

› Alternez les rôles dès qu'un joueur a marqué 3 points.

En doubles

› Idem mais d'abord avec frappe alternée, puis sans.

› Alternez les rôles dès qu'un joueur a marqué 3 points.

Maitriser l'espace et les trajectoires

SITUATIONS | **COMPORTEMENTS RECHERCHÉS**

JOUER DANS LES ZONES

Frapper le volant devant soi, au-dessus de la tête, bras tendu pour l'envoyer loin

Être placé de profil

Renvoyer doucement le volant, accompagner le geste pour amortir

Se déplacer rapidement en fonction de la trajectoire du volant

ROMPRE L'ÉCHANGE

Réagir au signal

Varier les trajectoires (courtes, longues, croisées)

Déclencher une attaque

Se replacer après chaque frappe

Adapter et varier sa force de frappe

Ajuster son déplacement en fonction de son partenaire et de la trajectoire du volant

Veiller à la bonne occupation du terrain

JEUX DE RAQUETTES LE BADMINTON

CONDUIRE ET MAITRISER UN AFFRONTEMENT COLLECTIF OU INTERINDIVIDUEL

OBJECTIFS	CONSIGNES

SITUATIONS DE JEUX

Situation 1 Jouer en opposition

Objectifs : Adapter et varier sa force de frappe. Varier les trajectoires. Ajuster ses déplacements. Jouer pour marquer.

Matériel
1 raquette par joueur, volant, filet, plots.

En simples

Organisation
Groupes de 3 - 4 : 2 joueurs et 1 ou 2 arbitres.
Terrain délimité.

› Engagez à tour de rôle.
› Vous marquez un point si le volant tombe dans le terrain adverse.
› Le premier qui a 3 points a gagné.
› L'arbitre prend alors la place d'un des joueurs.

VARIANTE
▶ Commencer à jouer dans un quart du terrain puis augmenter progressivement.

En doubles

Organisation
Groupes de 5 : 4 joueurs et 1 arbitre.
Terrain délimité.

› Mêmes consignes que précédemment.
› Commencez sur un demi-terrain. Frappez le volant alternativement pour chaque partenaire.

Situation 2 Jouer en opposition avec surnombre

Objectifs : Pour A : enchainer déplacement et replacement

Matériel
1 raquette par joueur, volant, filet, plots, cerceaux.

En simples

Organisation
Par groupes : 1 contre 3 sur un demi-terrain.
Le joueur A peut se déplacer où il veut.
Ses adversaires B sont fixes après avoir choisi leur emplacement dans un cerceau.

› A engage toujours et marque un point quand le volant tombe dans le terrain des B.
› Comptez le nombre de points marqués par A en 3 minutes.
› Changez de rôle.

En doubles

› Idem mais A joue contre 4 à 6 joueurs.

Maitriser l'opposition et conclure l'échange

SITUATIONS	COMPORTEMENTS RECHERCHÉS

JOUER EN OPPOSITION

Viser les espaces libres

Alterner coups longs et courts, coups à droite et à gauche

Se placer sous le volant

JOUER EN OPPOSITION AVEC SURNOMBRE

Viser les espaces libres

JEUX DE RAQUETTES LE BADMINTON

CONDUIRE ET MAITRISER UN AFFRONTEMENT COLLECTIF OU INTERINDIVIDUEL

OBJECTIFS

Choisir le renvoi le mieux adapté

Viser dans les espaces libres pour tenter de marquer un point

Varier la vitesse d'exécution pour chercher à déstabiliser l'adversaire

CONSIGNES

L'évaluation des élèves peut être menée de 2 manières.

› Évaluation individuelle en se servant de la grille ci-contre. L'évaluation pourra être menée en cours de cycle d'apprentissage, au fur et à mesure de l'acquisition des différentes capacités.

› L'évaluation peut également se dérouler par le biais de l'organisation d'une rencontre de fin de cycle.

Évaluation en fin de cycle d'apprentissage : rencontre au sein de la classe

Comment répartir les élèves ?	› Nombre pair d'équipes dans la classe. › Équipes de 3 à 4 joueurs (5 maxi). › Équipes de niveau (équipe 1 et 2 très forts, 3 et 4 forts, 5 et 6 bons, 7 et 8 moyens). › Rencontre sur 4 terrains aménagés dans le gymnase.
Que leur proposer ?	› Des matchs en simple et en double : définir (par exemple) que chaque équipe jouera 3 matchs de simples et 2 matchs de doubles contre l'autre équipe de même niveau. Les élèves détermineront entre eux la répartition.
Quels rôles vont-ils jouer ?	Tous les rôles : › joueur (simple, double, simple et double), › arbitre, › scoreur.
Que va-t-on évaluer ?	› Leurs habiletés motrices (voir la grille ci-contre). › Leur niveau de jeu et de stratégie (voir la grille ci-contre). › Leur capacité à assurer le rôle d'arbitre. › Leur capacité à assurer le rôle de scoreur.

Propositions de règles de jeu badminton

Règles du jeu en simple

Taille du terrain : 4x10 mètres environ.

Durée des matchs : 3 à 5 minutes.

› 1. Le joueur qui gagne le « toss » commence à servir. Le toss ou tirage au sort est effectué de la façon suivante : on place le volant sur le filet, bouchon vers le haut, plastique sur le filet et on laisse tomber le volant. En regardant le volant immobile au sol, le côté vers lequel le bouchon est tourné désigne le joueur qui engage le premier.

› 2. Le joueur engage à la cuillère. Il frappe le volant du bas vers le haut, sous la taille, en diagonale, de la droite de son terrain vers la droite du terrain adverse.

› 3. Le joueur qui fait le point marque, quel que soit le joueur ayant servi.

› 4. Le joueur qui vient de marquer le point engage pour le point suivant.

Règles du jeu en double

Taille du terrain : 5x10 mètres environ.

Durée des matchs : 3 à 5 minutes.

› 1. L'équipe qui gagne le *toss* commence à servir.

› 2. Le joueur situé à droite engage *à la cuillère*, en diagonale, de la droite de son terrain vers la droite du terrain adverse.

› 3. L'équipe qui fait le point marque, quel que soit l'équipe ayant servi.

› 4. L'équipe qui vient de marquer le point engage pour le point suivant. On respectera une alternance systématique de service au sein de l'équipe. Chacun servira à son tour, et ce tant que l'équipe marque.

› 5. Chaque fois qu'une équipe gagne le service, c'est le joueur situé à droite qui sert le premier.

Évaluation

Grille d'évaluation Badminton

	Manipulation				Maitrise des trajectoires					Placement					Aisance de jeu			Doubles	
NOMS	Jongle avec le volant en coup droit	Jongle avec le volant en revers	Jongle en alternant coup droit et revers	Sert à la cuillère	Varie les coups: long/court	Amortit	Adapte et varie sa force de frappe	Alterne à droite et à gauche	Vise les espaces libres	Est placé de profil	Frappe le volant devant lui	Se replace après chaque frappe	Se place en fonction de son partenaire	Se place en fonction de la trajectoire du volant	Se place en fonction de la trajectoire	Varie les rythmes de l'échange	Joue pour marquer	Joue avec un partenaire	Joue en coopération

JEUX DE LUTTE

CONDUIRE ET MAITRISER UN AFFRONTEMENT COLLECTIF OU INTERINDIVIDUEL

OBJECTIFS

Accepter les contacts et respecter les règles de sécurité

CONSIGNES

RÈGLES DE SÉCURITÉ

★ Éviter les bijoux, bracelets, montres…
★ Interdire les prises à la tête, aux doigts.
★ Faire stopper immédiatement l'action si l'élève a mal (signal convenu).

MATÉRIEL

★ Tatami de judo ou tapis de gym, cordelettes, balles de basket-ball, foulards, pinces à linge, vestes de judo pour variantes de prises.

SITUATIONS DE JEUX

Situation 1 **Le gardien et les moutons**

Organisation

2 groupes.
Définir un pré rectangulaire (largeur 5 à 10 mètres).
Placer sur la longueur, un gardien debout derrière un mouton à 4 pattes.
Donner le signal de départ et définir un temps limite (de 30 secondes à une minute).

› Les gardiens : empêchez les moutons de rejoindre la bergerie en les bloquant (prises au corps).

› Les moutons : rejoignez la bergerie sans vous faire bloquer.

› Comptez le nombre de moutons arrivés dans le temps imparti.

› Échangez les rôles : gagne l'équipe dont les moutons sont les plus nombreux à être arrivés à la bergerie.

Situation 2 **La prison**

Organisation

Délimiter une prison de 1,5 mètre de diamètre.
Constituer des équipes de 3 élèves : 2 adversaires et un arbitre (à tour de rôle).
Changer les équipes après 3 combats.

› Saisis l'adversaire par le corps et fais-le entrer dans la prison.

› Le premier qui pénètre dans la prison donne un point à l'autre.

› L'arbitre vérifie le respect des règles, donne le départ de l'action et compte les points.

Entrée dans l'activité

SITUATIONS | **COMPORTEMENTS OBSERVÉS**

LE GARDIEN ET LES MOUTONS

Les moutons mettent-ils en place des stratégies de ruse ou de contournement?

Les gardiens mettent-ils en place des stratégies pour:
- bloquer l'adversaire par les épaules ou le corps
- utiliser leur poids pour le plaquage au sol

LA PRISON

L'adversaire se défend-il en augmentant ses appuis?

Utilise-t-il l'esquive?

L'attaquant met-il en œuvre des stratégies visant à tirer, pousser, porter?

JEUX DE LUTTE

CONDUIRE ET MAITRISER UN AFFRONTEMENT COLLECTIF OU INTERINDIVIDUEL

OBJECTIFS	CONSIGNES
Mettre en œuvre des stratégies d'attaquant et de défenseur	**SITUATIONS DE JEUX** Situation 1 **La prise de foulards** **Matériel** Foulards, pinces à linge. **Organisation** Faire des équipes de 3 élèves dont un arbitre. Fixer un foulard à la ceinture, puis dans le dos ou à la jambe avec une pince à linge. Temps d'action : 2 à 3 minutes. Changer de rôle. **Joueur** › Prends le foulard de l'adversaire sans te faire prendre le tien. **Arbitre** › Contrôle le respect des règles et compte les prises.
Différencier les actions corporelles spécifiques à chaque rôle	Situation 2 **Le combat au ballon** **Organisation** Faire des équipes de 3 élèves dont un arbitre. Donner la balle à un élève qui devient défenseur. Changer les rôles. Après trois combats, changer les équipes. Durée des combats : 2 minutes maximum. **Attaquant** › Prends le ballon à l'adversaire sans lui faire mal. **Défenseur** › Protège ton ballon et empêche l'attaquant de le prendre. **Arbitre** › Fais respecter les règles et marque les points sur la fiche individuelle.

Diagnostic

SITUATIONS	COMPORTEMENTS OBSERVÉS

LA PRISE DE FOULARDS

L'enfant…
- Se positionne-t-il comme attaquant ou défenseur?

Le défenseur…
- Trouve-t-il des positions pour protéger sa balle?

L'attaquant…
- Cherche-t-il des prises efficaces et les bons appuis pour tirer?

LE COMBAT AU BALLON

Fiche individuelle

Joueur

Arbitre

	Attaquant prise de l'objet	Défenseur perte de l'objet
JEU 1		
JEU 2		
JEU 3		
TOTAL		

JEUX DE LUTTE

CONDUIRE ET MAITRISER
UN AFFRONTEMENT COLLECTIF
OU INTERINDIVIDUEL

OBJECTIFS	CONSIGNES

Accepter le contact

Respecter son adversaire

SITUATIONS DE JEUX

Situation 1 Les vers de terre

Organisation
Partager la classe en 2 groupes (bleus et rouges).
Espace de tapis.
Durée de jeu : 3 à 4 minutes.

› Au signal, déplacez-vous en rampant sur les tapis.
› Pour les bleus : passez au-dessus des camarades rouges que vous rencontrez.
› Changez de rôle : les rouges passent au-dessous des bleus.

VARIANTE
▶ Déplacement à 4 pattes.

Tirer ou pousser un adversaire hors d'une zone

Situation 2 Les mêlées

Organisation
Partager la classe en 4 groupes.
2 zones de jeu, 2 groupes sur chaque zone.
Durée de jeu : maximum 2 minutes par assaut.

› Formez un pack comme au rugby en vous tenant à la taille ou aux épaules.
› En poussant tous ensemble, essayez de faire reculer le pack adverse.
› Vous marquez un point si vous faites sortir le pack adverse de la zone.

Immobiliser un adversaire au sol

Situation 3 Expulser l'ours de sa tanière

Organisation
Avec des cordelettes, délimiter une zone de 3 mètres de diamètre (la tanière) et une porte de sortie.
Faire des équipes de 3 : 2 adversaires (1 ours - 1 chasseur) et un arbitre qui vérifie le respect des règles et compte les points.
Durée de jeu : 2 minutes maximum par assaut.
Changer les rôles puis les équipes.

Pour les chasseurs

› Oblige l'ours à sortir de sa tanière par la porte.

VARIANTE
▶ Ours couché ou en boule.

› Empêche l'ours de sortir de sa tanière.

VARIANTE
▶ Immobilise l'ours au sol.

› Commence les jeux à 4 pattes, puis debout.

Tirer-Pousser sans chutes

SITUATIONS | **COMPORTEMENTS RECHERCHÉS**

LES VERS DE TERRE

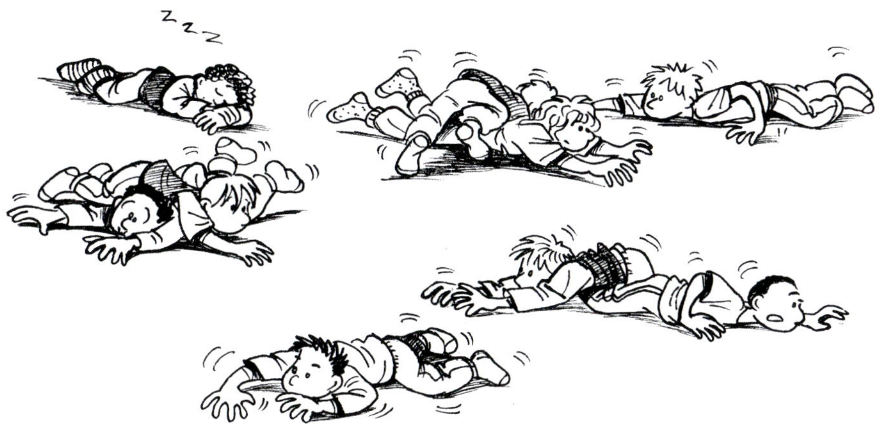

Accepter le contact

Proposer des roulés à 2

LES MÊLÉES

Mener une action collective visant à pousser les adversaires dans l'axe

EXPULSER L'OURS DE SA TANIÈRE

Respecter les règles et l'arbitre

Contourner l'adversaire

Ne présenter que des surfaces difficilement préhensibles

Garder le contact permanent avec le sol

Augmenter sa stabilité en s'abaissant, en multipliant les appuis, en adaptant sa position

Conserver la direction de l'attaque pour utiliser la force de l'adversaire

Utiliser des stratégies et des feintes pour mieux tirer ou pousser

JEUX DE LUTTE

CONDUIRE ET MAITRISER
UN AFFRONTEMENT COLLECTIF
OU INTERINDIVIDUEL

OBJECTIFS	CONSIGNES

SITUATIONS DE JEUX

Objectif : Accepter et gérer les chutes

Situation 1 **Les cascadeurs**

Organisation

Partager la classe en 2 groupes qui entreront à tour de rôle sur le tatami.
Durée de jeu pour chaque groupe : 3 minutes.

› Déplacez-vous en dispersion ; au signal, laisse-toi tomber
- en avant,
- en arrière,
- sur le côté,
- au ralenti.

› Par 2, en vous tenant, le n°1 se laisse tomber, le n°2 l'accompagne dans sa chute, sans le lâcher.

Objectif : Immobiliser

Situation 2 **Randoris**

Organisation

Partager la classe en 2 groupes (bleus et rouges).
Faire circuler les élèves qui vont s'affronter au gré des rencontres.
Durée de jeu : 4 minutes au moins.
Changer de rôle.

Pour les bleus

› Emmène au sol le joueur rouge que tu rencontres et immobilise-le en lui maintenant les épaules au sol, puis relève-toi et choisis un autre adversaire.

Objectif : Tirer / pousser pour faire tomber

Situation 3 **Les judokas**

Organisation

Faire des groupes de 3 : 2 adversaires et un arbitre.
Zones de 3 tapis (1 mètre x 6).
Durée de jeu : 2 à 3 minutes par assaut.

Attaquant

› Emmène ton adversaire pour le faire chuter dans la zone.

Défenseur

› Résiste aux attaques de ton adversaire en restant debout.

Progression

› Imposer le statut de défenseur ou d'attaquant à chaque joueur.
› Donner les mêmes pouvoirs aux 2 joueurs.
› Poursuivre l'action par une immobilisation.

Tirer-Pousser avec chutes

SITUATIONS | **COMPORTEMENTS RECHERCHÉS**

LES CASCADEURS

Produire des chutes suivies de roulades

Trouver des positions corporelles visant à se protéger (tête rentrée, membres près du corps...)

RANDORIS

Respecter le signal d'arrêt du combat

Accompagner son adversaire dans sa chute

Utiliser son poids pour maintenir au sol

LES JUDOKAS

Attaquant
Trouver des stratégies pour déséquilibrer en :

- conservant la direction des actions pour utiliser la force et le poids de l'adversaire (déséquilibre avant et arrière)
- augmentant la vitesse d'exécution

Défenseur
Augmenter l'appui au sol en abaissant son centre de gravité

Explorer des stratégies d'esquive

Maitriser ses émotions

JEUX DE LUTTE

CONDUIRE ET MAITRISER
UN AFFRONTEMENT COLLECTIF
OU INTERINDIVIDUEL

OBJECTIFS

Utiliser les techniques et les stratégies des jeux d'opposition lors d'un tournoi

Affronter seul un adversaire pour obtenir le gain du jeu

CONSIGNES

ÉVALUATIONS

Évaluation 1 **Les sumos**

Organisation

Faire des équipes de 3 joueurs de même gabarit : 2 adversaires et un arbitre.
Mettre en place une piste de 3 mètres de diamètre.
Durée de chaque assaut : 2 minutes.
Changer les rôles puis les équipes.

› Fais sortir ton adversaire de la zone.

Arbitre

› Note les points.

ARBITRE	
JOUEUR 1	JOUEUR 2

Évaluation 2 **Les lutteurs**

Organisation

Faire des équipes de 3 joueurs de même gabarit : 2 adversaires et un arbitre.
Associer ensuite les vainqueurs, les deuxièmes...
Zone de 4 tapis.
Durée de chaque assaut : 2 minutes.

› Fais chuter ton adversaire puis immobilise-le en lui plaquant les épaules au sol.

› Tu seras pénalisé si tu ne retiens pas les chutes et si tu ne respectes pas le signal d'arrêt de ton adversaire.

ARBITRE	
JOUEUR 1	JOUEUR 2

Évaluation

SITUATIONS

LES SUMOS

LES LUTTEURS

COMPORTEMENTS RECHERCHÉS

Fiche d'évaluation

Nom de l'élève

Attaques

- ☐ Varier les attaques
- ☐ Mener les attaques jusqu'au bout
- ☐ Enchainer des combinaisons d'attaques

Défense

- ☐ Se déplacer en gardant les appuis
- ☐ Esquiver
- ☐ Mettre en œuvre des contre-attaques

Opportunité

- ☐ Profiter des erreurs de l'adversaire
- ☐ Utiliser la force de l'adversaire
- ☐ Mettre en œuvre une tactique efficace

Attitude

- ☐ Contrôler ses émotions
- ☐ Respecter les règles et l'arbitre
- ☐ Respecter son adversaire

Autonomie

- ☐ Reconnaitre ses erreurs
- ☐ Arbitrer un combat
- ☐ Adopter un comportement responsable

DANSE
GYMNASTIQUE
GYMNASTIQUE RYTHMIQUE

S'EXPRIMER DEVANT LES AUTRES PAR UNE PRESTATION ARTISTIQUE ET/OU ACROBATIQUE

Danse

Gymnastique

Gymnastique rythmique

DANSE COLLECTIVE

S'EXPRIMER DEVANT LES AUTRES PAR UNE PRESTATION ARTISTIQUE ET/OU ACROBATIQUE

Conseils pour la mise en œuvre

- Créer une danse en utilisant la trame de variance est plus intéressant sur le plan éducatif (au moins en début d'apprentissage) que d'apprendre une danse codifiée.
- Produire des réponses gestuelles en adéquation avec la musique nécessite des temps d'écoute et de répétition importants.
- Privilégier la forme de travail par demi-classe, autant pour laisser des temps de récupération que pour favoriser l'observation des spectateurs: les critères d'observation et d'évaluation (précision des arrêts et changements de figures par rapport à la musique, respect de la formation, attitudes des danseurs...) sont très accessibles aux élèves de cycle 3.
- S'en tenir, en début d'apprentissage, à des danses utilisant des déplacements et des figures simples. Les pas codifiés (pas de polka, pas de scottish, pas de bourrée...) ne seront introduits qu'ultérieurement en fonction des possibilités et des progrès des enfants.
- Éviter de compter: les durées musicales doivent être appréciées et intégrées par et dans l'action.
- Le degré d'exigence au niveau de la qualité de l'exécution augmentera au fil des séances: privilégier le plaisir de danser en début de cycle en laissant du temps pour s'approprier la musique et les enchainements gestuels.
- Montrer la danse à une autre classe, aux parents, lors d'une rencontre inter-classe ou inter-école.

Discographie

FNAC: www.fnac.com
J'écoute et je danse Ensemble Tournevire
J'écoute et je danse le monde Ensemble Tournevire
Alsace: Danses populaires d'Alsace
Danses alsaciennes d'autrefois

Walter Koegler Verlag: www.tanz-koegler.de
Kinder und Jugendtaenze 1 et 2
Komm, wir wollen tanzen 1 et 2

Revue EPS: www.revue-eps.com
17 danses collectives
50 rondes et jeux chantés
Chantons, dansons

Fuzeau: www.fuzeau.com
Dansez l'Europe
Musiques et danses traditionnelles d'Europe
Voyez comme on danse

Delagrave: www.delagrave-edition.fr
Rondes et jeux dansés

Éditions Nathan: www.nathan.fr
Jeux chantés, jeux dansés

Éditions Chenelière: www.pirouette-editions.fr
Je danse mon enfance

Trame de variance

des actions motrices
- marche
- sautillé
- pas chassé
- course
- pas de danse codifiés
- sauts
- frappés
- actions mimées
- 1/2 tour - tour

avec d'autres
- à 2
- à 3
- à 4
- différentes manières de se tenir
- différentes manières de se placer
- ensemble
- l'un après l'autre
- changement de partenaire...

MUSIQUE
Phrases
Tempo
Structures rythmiques
Accentuations
Caractère

organisées dans l'espace
- différentes directions
  Av, Ar, G, D
- différentes évolutions
  ligne, ronde, rue, farandole, carré, étoile, diagonale...

et dans le temps
- durée
- moment précis
- vitesse
- succession
- simultanéité
- périodicité

DANSE COLLECTIVE

S'EXPRIMER DEVANT LES AUTRES
PAR UNE PRESTATION ARTISTIQUE
ET/OU ACROBATIQUE

OBJECTIFS

Adapter les réponses motrices au rythme de la musique

Lier une unité de mouvement à une unité de durée

Réaliser différentes actions au bon moment

Coordonner son action à celle des autres

Mémoriser un enchainement

CONSIGNES

MATÉRIEL

★ Musique de type folklorique, à structure régulière (rythme, phrasé aisément repérable).

En salle de classe

› Écoutez la musique et repérez les phrases, les structures rythmiques en frappant le rythme, les débuts / fins de phrases.

› Dessinez la structure de la musique.

ex. : introduction | phrase A | phrase A'
phrase B | phrase B'

Entrée dans l'activité

› À 2, dansez en utilisant les 4 déplacements fondamentaux (marche, sautillés, pas chassés, course).

› Faites l'inventaire des différentes façons de se tenir, de se placer l'un par rapport à l'autre.

Consignes progressives

Par 2

› Choisissez un mode de déplacement adapté à chaque phrase et reproduisez-les jusqu'à la fin de la musique.

› Déplacez-vous sur la phrase A et restez immobiles sur la phrase B.

› Restez immobiles sur la phrase A et tournez sur place pendant la phrase B, (répertorier toutes les figures tournées trouvées).

› Enchainez le déplacement sur la phrase A et une figure en tournant sur la phrase B.

Par 4

› Chaque couple apprend sa danse à l'autre afin d'enchainer les 2 danses.

› Chaque quadrette montre sa danse à toute la classe.

Collectif

› Analyser les danses des quadrettes et choisir parmi toutes les propositions, les figures qui seront apprises par toute la classe.

Remarques

À tout moment, l'enseignant pourra introduire des consignes supplémentaires portant sur les éléments de la trame de variance :

› imposer une formation en rue, en carré, en ronde...,

› imposer un 1/2 tour au milieu d'une phrase,

› imposer un mouvement réalisé l'un après l'autre,

› ...

Créer une danse collective

SITUATIONS

COMPORTEMENTS RECHERCHÉS

L'enfant...

- Synchronise-t-il les déplacements avec la musique?

Démarrer et s'arrêter au moment précis

Anticiper le changement de figure en ralentissant à la fin de la phrase

Montrer et expliquer sa danse de façon précise

DANSE D'EXPRESSION

S'EXPRIMER DEVANT LES AUTRES PAR UNE PRESTATION ARTISTIQUE ET/OU ACROBATIQUE

Déclencheurs pour la danse d'expression

OBJETS
- Quotidiens, usuels : chapeaux, foulards, parapluies, chaises, boites, sacs, balais, assiettes en carton, objets de récupération...
- Sportifs : cordes, balles, rubans, gros matériels, tapis, plots...
- Théâtraux : tissus, masques, rideaux, éléments de costumes, châles, gants...

MONDE SONORE
- Musiques
- Chansons
- Rythmes
- Voix
- Bruitages

› DOCUMENTS
- Écrits : mots, récits, lettres, poèmes...
- Visuels : photos, affiches, tableaux...

MONDE PHYSIQUE
- Les éléments : eau, air, terre, feu.
- Les animaux, les végétaux.
- Les matières : papier, carton, métal, couleurs...

ACTIVITÉS DE L'HOMME
- Gestes quotidiens, verbes d'action.
- Les sports.
- Le travail.
- Les fêtes.

ÉMOTIONS - IMAGINAIRE
- Amour, peur, haine, tristesse...
- Mondes, personnages fantastiques.

COMPOSANTES DU MOUVEMENT
- Espace : directions - plans - volumes - amplitude.
- Temps : lent / vite, en même temps que..., après / avant, aussi longtemps que...
- Énergie : ralenti / accéléré, lié / saccadé, rythmé, lourd / léger...
- Corps : différentes parties, attitudes, appuis...
- Relation aux autres : contacts, regard, coopération.

Démarche et trame de variance

Déclencheur

▼

Gestuelle spontanée, stéréotypée, figurative

▼ **Transformation**

Variables CORPS
- Diversité des actions
- Utilisation des parties du corps, des articulations
- Avec ou sans déplacement
- Différents déplacements
- Attitudes, appuis divers
- Regard
- Symétrie, asymétrie

Variables FACTEURS DE MOUVEMENT
- Rythme : vite, lent, accélération, décélération
- Amplitude : petit, grand
- Énergie : lié, brusque, saccadé, raide, souple

INTERACTIONS
Les autres
- Imitation
- Contacts
- Solo, duo, trio… tous
- Successivement, simultanément
- Positions (côte à côte, face à face…)

La musique
- Structure (mélodie, accents, tempo, phrasé)
- Contenu émotionnel
- Adéquation aléatoire

Les objets
- Caractéristiques (poids, volume, forme, couleur)
- Restituer la gestuelle sans l'objet
- Être l'objet
- Utiliser l'objet comme appui, repère, lien

Variables ESPACE
- Proche niveau : haut, bas, milieu plans : frontal, latéral, horizontal, vertical
- Scénique : zones, trajets, directions

▼

Gestuelle élaborée, originale, symbolique

DANSE D'EXPRESSION

S'EXPRIMER DEVANT LES AUTRES
PAR UNE PRESTATION ARTISTIQUE
ET/OU ACROBATIQUE

OBJECTIFS

S'engager dans l'activité

Diversifier les réponses

Choisir, transformer, épurer sa gestuelle

Créer une phrase dansée individuellement.

Mémoriser et reproduire une succession d'actions

Structurer une production collective

Intégrer les conduites des partenaires

CONSIGNES

MATÉRIEL

★ Plots pour délimiter l'espace danse.
★ Bancs pour l'espace spectateurs.
★ Journaux (ou autres objets : boites, tissus, sacs plastique...).
★ Musiques variées.

Entrée dans l'activité

En alternance : demi-classe de danseurs, demi-classe de spectateurs.

› Quand la musique démarre, entre dans l'espace de danse, joue avec plusieurs journaux, en trouvant chaque fois un autre jeu.

› Faisons l'inventaire des jeux moteurs (voler, tourner, déchirer, porter, glisser...) ou imaginaires (tapis, chapeau, couverture...).

Consignes progressives

› Choisis 2 jeux et répète-les plusieurs fois.

› Exécute tes 2 jeux sur place
- en éloignant le plus possible le journal de ton corps,
- en suivant le journal du regard.

› Cherche d'autres façons de te déplacer d'un journal à l'autre.

› Choisis-en une.

Sans les journaux

› Enchaine « entrée-sur place-déplacement-sur place-sortie » en utilisant tes 2 jeux et ton déplacement.

› En groupes de 4 ou 5 élèves :
- choisissez une organisation du groupe pour vous déplacer (ligne, colonne, carré...) et 2 zones de l'espace danse pour les jeux sur place,
- choisissez un élément de votre danse que vous ferez à l'unisson (déplacement ou jeux).

Composition

› Scène orientée avec 2 entrées, groupes répartis aux 2 entrées.

› Au démarrage de la musique, les premiers groupes à chaque entrée commencent leur danse et ressortent par l'entrée opposée.
Dès qu'un groupe sort, le suivant démarre.
Quand tous les groupes ont dansé, entrée en cascade de tous et chaque groupe choisit un endroit de la scène pour y réaliser une statue collective.

Danser avec un objet

SITUATIONS

COMPORTEMENTS RECHERCHÉS

Les spectateurs sont-ils attentifs aux productions des camarades?

L'enfant danse-t-il en silence?

Reste-t-il dans la classe aussi longtemps que dure la musique?

Produire 2 actions nettement indentifiables

Donner de l'amplitude à sa gestuelle

Se déplacer autrement que debout: glisser, ramper, rouler, appuis variés

Reproduire sa phrase dansée à l'identique

Rester proches des autres en adaptant son déplacement

Accepter et apprécier les productions des autres, choisir en fonction de l'originalité, l'esthétique

DANSE D'EXPRESSION

S'EXPRIMER DEVANT LES AUTRES PAR UNE PRESTATION ARTISTIQUE ET/OU ACROBATIQUE

OBJECTIFS

S'engager dans l'activité

Diversifier les réponses

Choisir, transformer, épurer sa gestuelle

Créer une phrase dansée individuellement

Mémoriser et reproduire une succession d'actions

Structurer une production collective

Intégrer les conduites des partenaires

CONSIGNES

MATÉRIEL

- ★ Brins de laine de 40 cm.
- ★ Plots pour délimiter l'espace de danse.
- ★ Musiques variées.

Entrée dans l'activité **Le voyage du brin de laine**

Organisation

Par 2, un brin de laine par binôme

Par demi-classe, en alternance

› Faites voyager le brin de laine dans l'espace, pendant la durée de la musique. Il doit toujours être tendu.

› Alternez déplacement et sur place ; le brin de laine doit toujours être en mouvement.

› Changez de position pendant le voyage sur place.

› Trouvez d'autres déplacements.

› Suivez le brin de laine du regard.

Le brin de laine invisible

Organisation

Par binômes, sans brin de laine

› Choisissez un autre point d'attache pour le brin de laine (fronts, épaules, ventres, genoux…) : le brin décrit un dessin sur place (cercle, ligne horizontale, verticale), se déplace (très haut, très bas), on le suit toujours du regard.

› Choisissez un trajet sur la scène et répétez plusieurs fois la même phrase sur ce trajet.

› Choisissez une posture immobile à la fin de votre trajet.

Exemple de chorégraphie

› Tous les binômes, en posture immobile, sont regroupés au milieu de la scène.

› Au démarrage de la musique, 4 binômes font leur danse en se dirigeant vers l'un des 4 coins de la scène. Dès qu'ils sont immobiles, les 4 binômes suivants démarrent.

› Quand les binômes sont regroupés dans les 4 coins, tous ceux du coin 1 dansent en même temps, puis tous ceux du coin 2…

Danser avec l'autre

SITUATIONS | **COMPORTEMENTS RECHERCHÉS**

LE VOYAGE DU BRIN DE LAINE

Les couples...

- Synchronisent-ils les mouvements pour obtenir un dessin net?
- Gardent-ils un mouvement régulier du brin de laine?

LE BRIN DE LAINE INVISIBLE

Conserver la distance entre les partenaires

Être attentif à l'autre et travailler en miroir

Éviter les gestes superflus ou saccadés

Placer le regard

DANSE D'EXPRESSION

S'EXPRIMER DEVANT LES AUTRES PAR UNE PRESTATION ARTISTIQUE ET/OU ACROBATIQUE

OBJECTIFS

S'engager dans l'activité

Diversifier les réponses

Choisir, transformer, épurer sa gestuelle

Créer une phrase dansée individuellement

Mémoriser et reproduire une succession d'actions

Structurer une production collective

Intégrer les conduites des partenaires

CONSIGNES

MATÉRIEL

★ Plots pour délimiter l'espace danse.
★ Cordelettes pour délimiter les couloirs.
★ Bancs pour l'espace spectateurs - Musiques variées.

Entrée dans l'activité **1, 2, 3 soleil**

Organisation
Par vagues.

› Déplace-toi pendant que le meneur dit *1-2-3-soleil* et reste immobile quand il se retourne.
› Trouve une autre façon de te déplacer.
› À chaque arrêt, change la forme de ta statue.
› Faisons l'inventaire des façons de se déplacer et des formes des statues.

Au pays des lignes droites

Organisation
6 couloirs parallèles matérialisés dans l'espace de danse.

› Choisis 2 déplacements et une statue et répète cet enchainement plusieurs fois.
› Par groupes de 3, gardez chacun vos déplacements individuels et trouvez une statue à 3.
› Choisissez une direction pour le regard pendant le déplacement et une autre direction pendant la statue.
› Dansez votre phrase comme si vous étiez des géants ou des nains.
› La statue peut bouger *au ralenti* pendant un moment avant de redevenir statue.
› Choisissez une phrase définitive (actions, statue, regard, amplitude) et répétez-la plusieurs fois de suite dans votre couloir.

Exemple de chorégraphie

› Groupes de 3 répartis sur 3 côtés de la scène, en position *statue*.
› Chaque groupe imagine un couloir rectiligne dans lequel il évolue.
› Au démarrage de la musique, 3 ou 4 groupes dansent leur phrase dans leur couloir (aller-retour) et retrouvent leur position initiale.
› Varier et enchainer l'ordre de passage des groupes : 1 groupe de chaque côté simultanément, tous les groupes d'un même côté ensemble, 1 ou 2 groupes au centre avec des couloirs en étoile.

Danser à partir d'une notion spatiale

SITUATIONS

COMPORTEMENTS RECHERCHÉS

L'enfant...

- Trouve-t-il des déplacements originaux?
- Varie-t-il les appuis?
- Mobilise-t-il différentes parties du corps?

Refaire à l'identique
Pouvoir décrire oralement sa phrase

Placer le regard de façon intentionnelle

Augmenter ou diminuer l'amplitude sans changer la forme

Bien isoler la partie du corps qui bouge et maitriser sa vitesse et sa trajectoire

DANSE D'EXPRESSION

S'EXPRIMER DEVANT LES AUTRES PAR UNE PRESTATION ARTISTIQUE ET/OU ACROBATIQUE

OBJECTIFS

Être danseur en utilisant les différentes parties de son corps, en utilisant l'espace, en jouant sur les durées et les rythmes

Être chorégraphe en composant une courte chorégraphie combinant dans une phrase dansée des mouvements individuels ou collectifs en faisant varier les directions, les durées, les rythmes

CONSIGNES

Conditions

› Créer une ambiance, un rituel : lieu, lumière, tenue...

› Définir des espaces d'action précis : emplacement des danseurs, des spectateurs.

› Prévoir l'aménagement du milieu : matériel sonore, objets, entrées, sorties...

› Avoir pour objectif de fin de séance de fixer une danse individuelle ou collective *provisoirement définitive*.

Démarche

Choix du thème

› Voir liste des déclencheurs.

Faire émerger une gestuelle spontanée en rapport avec le thème

› Suivant la nature du déclencheur, on commencera par l'activité corporelle (objets, activités de l'homme, monde sonore...) ou par un moment d'expression orale en salle de classe (écrits, images, musique, évènements...)

› Proposer une situation et des consignes très ouvertes pour permettre à tous de faire.

› Travail par demi-classe.

› Inventaire des productions : isoler les différentes actions ou éléments = mots

Transformer, épurer, styliser la gestuelle

› Choisir un mot et le diversifier grâce aux variables
ex. : danser le soleil = danser un rond

› avec tout le corps

› avec certaines parties du corps : tête, bras

› grand, petit

› lentement, vite

› en déplacement, à l'arrêt

› à 2, en petit groupe

› simultanément, alternativement

› ...

Chaque fois qu'on applique une variable, on obtient un nouveau mot.

Enchainer plusieurs mots pour construire une phrase. La répéter plusieurs fois.

Confronter sa phrase avec les autres, choisir ce qu'on garde pour danser en petit groupe (unisson partiel, total ou chacun sa danse).

Ou

› Choisir 2, 3, 4 mots et les enchainer = phrase
Diversifier la phrase grâce aux variables
ex. : soleil : se lever, se déplacer, se coucher

› tout le corps, une partie du corps

› différentes façons de se lever

› différentes façons de se coucher

› différents déplacements

› à différentes vitesses

› placement du regard

› à plusieurs

Ce qui donne des façons multiples de danser la phrase.

Chaque danseur (ou groupe) choisit une ou des formes de la phrase et les enchaine plusieurs fois à l'identique.

Évaluation

Construire la chorégraphie

› Organiser les danses individuelles ou des petits groupes
- dans l'espace : entrées, sorties, trajets sur la scène
- dans le temps : successions des groupes.

› Prévoir un final.

Grille d'évaluation Danse

		A	B	C	D	E
DANSEUR	Utilise différentes parties du corps					
	Produit une gestuelle originale					
	Fait varier l'amplitude des gestes					
	Met en intention son regard					
	S'adapte à la musique					
	Mémorise l'enchainement					
	Reste concentré					
	Maitrise l'énergie de ses gestes					
	Respecte le déroulement dans l'espace					
	Respecte le déroulement dans le temps					
	Maitrise son émotion					
	Accepte le regard des autres					
SPECTATEUR	Exprime ses sentiments, son émotion					
	Donne son avis avec des critères objectifs					

GYMNASTIQUE

S'EXPRIMER DEVANT LES AUTRES PAR UNE PRESTATION ARTISTIQUE ET/OU ACROBATIQUE

OBJECTIFS	CONSIGNES
	MATÉRIEL ★ Banc suédois, tapis fins, gros tapis, plan incliné, constri-foot + élastique, barre fixe ou asymétrique, tremplin, mini-trampoline, poutre basse, cordelettes.
Explorer différentes manières de franchir, de voler	**Parcours 1** › Fais des sauts de lapins sur les tapis. › Saute de part et d'autre du banc en posant les mains sur le banc. › Prends l'appel sur le tremplin et saute sur le plinth : - en utilisant l'appui main - sans utiliser l'appui mains. › Saute en extension par dessus l'élastique.
Explorer différentes manières de tourner, de rouler	**Parcours 2** › Roule en avant entre les 2 cordelettes. › Roule en avant sur le banc suédois ou sur la poutre basse. › Tourne autour de la barre. › Roule en arrière sur le tapis. › Fais une roue par dessus le banc suédois.

Entrée dans l'activité

SITUATIONS | **COMPORTEMENTS OBSERVÉS**

PARCOURS 1

L'enfant…

- Prend-il un appel à 2 pieds ?
- Se réceptionne-t-il sur 2 pieds simultanément ?
- Pose-t-il les 2 mains simultanément ?
- Enchaine-t-il les actions sans temps d'arrêt ?

PARCOURS 2

L'enfant…

- Roule-t-il dans l'axe (sans toucher les lignes) ?
- Rentre-t-il la tête ?
- Arrive-t-il debout ?
- A-t-il le bassin monté au-dessus des épaules ?

GYMNASTIQUE

S'EXPRIMER DEVANT LES AUTRES
PAR UNE PRESTATION ARTISTIQUE
ET/OU ACROBATIQUE

OBJECTIFS	CONSIGNES

MATÉRIEL

★ Banc suédois, tapis fins, gros tapis, plan incliné, tremplin, mini-trampoline, plinth recouvert d'un gros tapis, gros ballon, médecine-ball.

Rotations avant (RAV)

Objectifs : Rouler dans l'axe. Améliorer la qualité de l'impulsion.

RAV1

› Enchaine 2 roulades avant, jambes serrées, arrive debout.

RAV2

› Roule par-dessus un objet sans le toucher.

VARIANTE

▶ Idem sans mettre la tête au sol.

RAV3

› Prends de l'élan et une impulsion sur le tremplin.

› Tourne en avant sur le plinth recouvert d'un gros tapis.

VARIANTES

▶ Idem avec un mini-trampoline.

▶ Idem sans appuis manuels, réception assise.

RAV4

› Prends de l'élan sur le haut de plinth.

› Prends une impulsion sur le trampoline.

› Tourne en avant avec appuis manuels puis sans appuis manuels.

› Réceptionne-toi assis puis debout sur les deux tapis épais.

Rotations arrière (RAR)

Objectif : Transformer la vitesse horizontale en vitesse verticale

RAR1

› Roule en arrière en utilisant le plan incliné ; enchaine deux roulades.

RAR2

› Roule en arrière, départ debout ou accroupi, arrive debout jambes serrées ou écartées.

› Enchaine 2 roulades.

RAR3

› Roule en arrière sans toucher l'objet.

Rotations

SITUATIONS

RAV 1

RAV 2

RAV 3

RAV 4

RAR 1

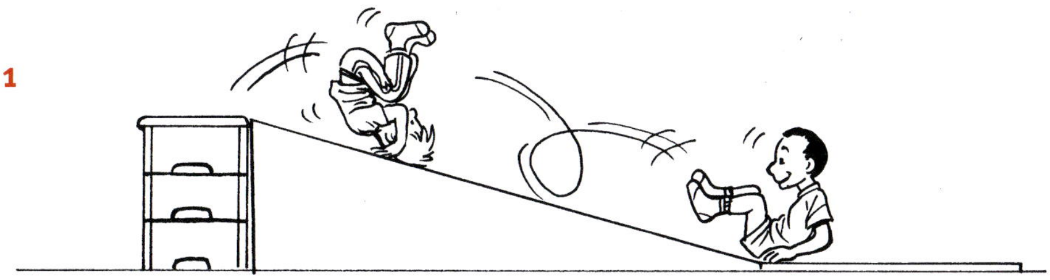

RAR 2

RAR 3

COMPORTEMENTS RECHERCHÉS

Rester groupé
pendant les 2 rotations

Tourner dans l'axe

Pousser sur les jambes
pour enchainer
les 2 roulades

Poser les mains
par-delà l'objet

Pousser fort
avec les pieds

Enchainer les actions
sans marquer d'arrêt

Pour le salto,
garder menton poitrine

Placer les mains
sur les genoux

Se pencher
en arrière pour prendre
l'élan nécessaire
à la roulade arrière

Arrondir le dos

Garder les jambes
groupées

Se repousser
avec les mains
pour se redresser

GYMNASTIQUE

S'EXPRIMER DEVANT LES AUTRES PAR UNE PRESTATION ARTISTIQUE ET/OU ACROBATIQUE

OBJECTIFS	CONSIGNES

MATÉRIEL

★ Tapis fins, gros tapis, poutre, mur ou espalier, plinth.
★ Carton ou morceau de moquette (20x20 centimètres).

Mobiliser les ressources musculaires des bras

Améliorer la tonicité et le gainage du corps

RENVERSEMENTS

R1 se déplacer latéralement sur un appui manuel

› Place tes pieds sur la poutre en gardant les mains au sol.
› Déplace-toi latéralement sur les mains, bras tendus.

R2 Réaliser une chandelle

› Contre un mur ou face à un espalier ou avec un camarade puis seul, remonte les jambes le plus haut possible en maintenant le dos avec les mains.

Améliorer l'alignement des segments

R3 Réaliser un trépied

› Place-toi à genoux dos aux espaliers, pose le sommet du crâne entre tes bras fléchis, remonte les jambes le plus haut possible en t'aidant des espaliers, maintiens cette position sur ces 3 appuis.

VARIANTE

▸ Sans les espaliers, en enchainant une roulade après maintien de l'équilibre.

R4 Réaliser un appui tendu renversé (ATR) avec aide

› Place tes pieds sur le plinth, reste en appui au sol, bras tendus, monte les jambes contre le mur.

Rechercher la durée et la stabilité de l'équilibre

R5 Réaliser un appui tendu renversé

› Monte tes jambes l'une après l'autre contre le mur, garde les bras tendus, maintiens cette position en serrant les jambes, redescends les jambes l'une après l'autre.

R6 Se déplacer en appui tendu renversé

› Monte un ATR contre le mur, déplace tes mains autour du carré (moquette ou carton).

Renversements

SITUATIONS

SE DÉPLACER LATÉRALEMENT SUR UN APPUI MANUEL

RÉALISER UN TRÉPIED

RÉALISER UNE CHANDELLE

RÉALISER UN APPUI TENDU RENVERSÉ AVEC AIDE

RÉALISER UN APPUI TENDU RENVERSÉ

SE DÉPLACER EN APPUI TENDU RENVERSÉ

COMPORTEMENTS RECHERCHÉS

Coordonner les membres supérieurs et inférieurs

Mettre le poids du corps sur les bras

Placer les mains près de la poutre pour avoir le dos vertical

Maintenir le bassin au-dessus des épaules

Tendre et serrer les jambes

Placer les 3 appuis (tête / main / main) sur un triangle

Garder la tête dans l'axe du corps

Maintenir le bassin au-dessus des épaules

Tendre et serrer les jambes

Maintenir la position sur les 3 appuis

Lever activement les jambes

Placer le bassin au-dessus des épaules

Garder les bras tendus placer la tête dans l'axe du corps

Transférer le poids du corps d'un bras sur l'autre

GYMNASTIQUE

S'EXPRIMER DEVANT LES AUTRES PAR UNE PRESTATION ARTISTIQUE ET/OU ACROBATIQUE

OBJECTIFS	CONSIGNES
Donner une impulsion efficace	**MATÉRIEL** ★ Tapis fins, gros tapis, tremplin, mini-trampoline, 2 plinths recouverts d'1 gros tapis, poutre ou banc suédois, grosse balle. **SAUTS ET RÉCEPTIONS** Saut 1 › Prends une course d'élan, réalise 1 appel 2 pieds sur le tremplin, pose les mains sur le plinth pour arriver - à genoux sur le plinth, - debout sur le plinth. › Effectue une sortie stabilisée. **VARIANTES** ▶ Sur 1 banc suédois ou poutre basse. ▶ Sans prendre d'élan. ▶ Réaliser 1/2 volte, réaliser un tour complet. ▶ Idem en utilisant un tremplin ou un mini-trampoline.
Transformer la vitesse horizontale en vitesse verticale	Saut 2 › Prends une course d'élan, saute et effectue 1/4 de tour, bras tendus au-dessus de la tête.
Rechercher l'amplitude pour avoir un temps important en phase aérienne pour agir	Saut 3 › Prends l'élan sur le haut de plinth, prends une impulsion sur le mini-trampoline, saute par-dessus l'obstacle, réceptionne-toi de façon équilibrée sur tes 2 pieds. Saut 4 › Prends l'élan sur le haut de plinth, prends une impulsion saute puis touche très rapidement et simultanément tes pointes de pieds avec tes mains; réceptionne-toi de façon équilibrée sur tes 2 pieds.
Utiliser le temps d'envol pour réaliser une figure	**VARIANTE** ▶ Sur une poutre basse. Saut 5 › Au sol, cours, saute par-dessus le gros ballon (ou la zone dessinée) en réalisant une enjambée.
Accepter de voler dans l'espace arrière pour tourner en rotation arrière	Saut 6 › Du plinth, saute en arrière sur le mini-trampoline, arrive debout sur le gros tapis, enchaine une roulade arrière.

Sauts et réceptions

SITUATIONS

SAUT 1

SAUT 2

SAUT 3

SAUT 4

SAUT 5

SAUT 6

COMPORTEMENTS RECHERCHÉS

Enchainer course d'élan et impulsion sans ralentir

Poser simultanément les 2 mains sur le plinth

Placer les épaules en avant du bassin

Se réceptionner les 2 pieds en même temps

Gainer le corps

Garder le regard horizontal

S'élever suffisamment haut se réceptionner de façon équilibrée (garder la position 3 secondes) s'aider des bras pour s'élever

Garder le regard horizontal

Gainer le corps

S'élever suffisamment haut garder les jambes tendues et à l'horizontal

Avoir une grande vitesse d'exécution

Augmenter de façon significative le temps de vol

S'élever suffisamment haut

Rouler dans l'axe

Contrôler l'arrivée

GYMNASTIQUE

S'EXPRIMER DEVANT LES AUTRES
PAR UNE PRESTATION ARTISTIQUE
ET/OU ACROBATIQUE

OBJECTIFS

Mobiliser les ressources musculaires des bras

Améliorer la tonicité et le gainage du corps

Améliorer l'alignement des segments

Rechercher la durée et la stabilité de l'équilibre

Combiner renversement et rotation

CONSIGNES

MATÉRIEL

★ Tapis fins, gros tapis, banc suédois, cordelettes, plinth ou élastique.

ROUES

Roues 1 **Franchir les bancs**

› Pars de profil, pose tes mains l'une après l'autre sur le banc.
Lance tes jambes l'une après l'autre pour passer de l'autre côté du banc.
Enchaine pour franchir les autres bancs.

Roues 2 **Franchir les bancs avec un obstacle**

› Pars de profil, pose tes mains l'une après l'autre sur le banc.
Lance tes jambes l'une après l'autre pour passer de l'autre côté du banc et au-dessus de l'obstacle (plinth ou élastique).

Roues 3 **Roue en contre-bas**

› Pars debout, de profil sur le haut du plinth ou du banc.
› Pose les mains l'une après l'autre sur le plinth, puis les jambes l'une après l'autre sur le tapis en contre-bas.

Roues 4 **Roue en cercle**

› Effectue une succession de roues en plaçant tes appuis mains puis pieds sur l'arc de cercle tracé (corde ou craie).

Roues 5 **Roue dans le couloir**

› Effectue une roue en gardant tes appuis mains et pieds dans le couloir tracé.

Roues 6 **Roues enchainées**

› Pars en fente (pieds décalés) sur la ligne.
› Pose tes mains l'une après l'autre après la première ligne.
Enchaine un passage renversé longitudinal (roue) sur les mains.
Arrive derrière la seconde ligne.

Roues

SITUATIONS

FRANCHIR LES BANCS

COMPORTEMENTS

RECHERCHÉS

Rechercher une élévation significative du bassin : aligner mains/épaules/bassin

Garder la même orientation du corps au départ et à l'arrivée

Effectuer le passage par des appuis pied-main main-pied

Garder les bras et les jambes tendus

Pousser suffisamment sur les jambes puis les bras pour amener les jambes à la verticale

Enchainer les appuis main-main pied-pied sans temps d'arrêt

GYMNASTIQUE

S'EXPRIMER DEVANT LES AUTRES
PAR UNE PRESTATION ARTISTIQUE
ET/OU ACROBATIQUE

OBJECTIFS

Construire et réaliser un enchainement de 4 ou 5 éléments acrobatiques sur divers engins ou au sol

Réaliser des actions
de plus en plus tournées et renversées,
de plus en plus aériennes,
de plus en plus manuelles,
de plus en plus coordonnées

CONSIGNES

Connaissance de l'activité

Objectifs de ce tableau

› Apprendre à connaitre le matériel de gymnastique.

› Au fur et à mesure des séances, compléter le tableau ci-dessous en notant les informations concernant le matériel utilisé pendant le cycle gymnastique.

› Noter les verbes d'action correspondants.

Nom.. **Classe**....................

Prénom..

Schéma de l'appareil	Nom	Verbes d'action	Règles et consignes de manipulation et d'utilisation
Exemple 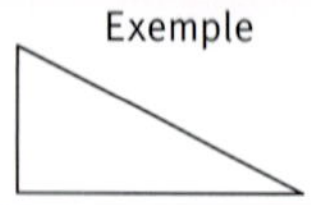	Plan incliné	Rouler en avant Rouler en arrière	Porter seul ou à 2 Départ assis ou à genoux en haut du plan uniquement
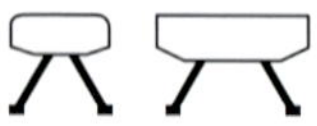			

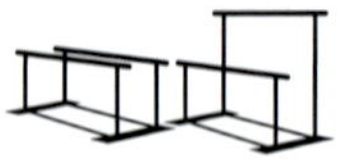			

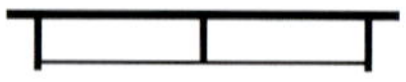			
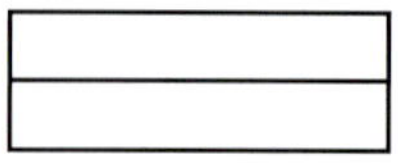			
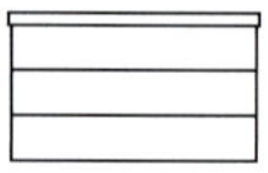			

Évaluation

Remarque

› L'enseignant définit le nombre de points attribués à chaque élément en fonction de sa progression sans oublier un facteur d'exécution important : l'esthétique.

› Il fournit les photocopies des pages 157, 159, 161 et 163.

Consigne

› Choisis, parmi les éléments proposés, au moins 1 élément de chaque famille pour créer et réaliser un enchainement. Aide-toi du récapitulatif. Si nécessaire, réfère-toi aux illustrations.

› Entraine-toi à installer le matériel nécessaire et à exécuter ton enchainement.

› Présente l'enchainement, accompagné du tableau complété.

EXEMPLE D'ENCHAINEMENT									
RO2 PTS	1/4 volte Saut extension	**R4** PTS	**RAV1** PTS	Course d'élan Saut extension 1 volte	**RA1** PTS	Planche faciale	**RAV1** PTS	Saut extension 1/2 volte	Course d'élan + **S4** PTS

Nom .... **Classe** ....

Prénom ....

MON ENCHAINEMENT									
PTS	PTS	PTS	PTS	PTS	PTS	PTS	PTS	PTS	PTS

MON ENCHAINEMENT						
RAV1 PTS	**RAV2** PTS	**RAV3** PTS	**RAV4** PTS	**RAR1** PTS	**RAR2** PTS	**RAR3** PTS
RO1 PTS	**RO2** PTS	**RO3** PTS	**RO4** PTS	**RO5** PTS	**RO6** PTS	

RENVERSEMENTS					
R1 PTS	**R2** PTS	**R3** PTS	**R4** PTS	**R5** PTS	**R6** PTS

SAUTS					
S1 PTS	**S2** PTS	**S3** PTS	**S4** PTS	**S5** PTS	**S6** PTS

LES ÉLÉMENTS DE LIAISON (SOL OU POUTRE)				
3 pas ou course d'élan	Saut en extension ou groupé	Mouvement des bras	Équilibre (planche faciale ou latérale)	Voltes

GYMNASTIQUE RYTHMIQUE

S'EXPRIMER DEVANT LES AUTRES PAR UNE PRESTATION ARTISTIQUE ET/OU ACROBATIQUE

Dans un souci de continuité avec le document ***Vivre l'EPS Cycle 2***, nous n'aborderons plus les situations de découverte des possibilités d'action d'un engin.

Au cycle 3, à partir des situations qui visent à enchainer différentes manipulations associées à des actions corporelles, nous proposons une unité d'apprentissage qui s'articule autour des échanges, des déplacements et des formations.

L'ensemble de la démarche se décline autour d'une situation collective et de ses variantes.

La construction de l'enchainement se fera à partir d'un répertoire d'actions possibles dont la finalité est d'être présentée aux autres.

Afin de rendre les enfants acteurs de leur apprentissage et de les associer à leur évaluation, les éléments de leur enchainement, puisés dans le répertoire commun, seront explicitement annoncés à l'aide d'une grille. Celle-ci servira de support aux différentes « équipes évaluatrices ».

Dans cette perspective, la musique reste un support sonore incontournable.

La composante du rythme ne sera pas évaluée mais peut représenter la cerise sur le gâteau!

Démarche

Répertoire des actions possibles

<table>
<tr><th></th><th>BALLON</th><th>CERCEAU</th><th>CORDE</th><th>RUBAN</th></tr>
<tr><td>Manipulation
Une main
2 mains
Changement de mains...

Enchainement
de 2 actions

Changement de plans
(frontal, latéral,
sagittal).</td><td>Lancer/rattraper
Faire rebondir
Faire des balancés
Faire des tours
Faire des cercles
Faire des 8
Faire des roulés</td><td>Lancer/rattraper
Faire rebondir
Faire des balancés
Faire des tours
Faire des cercles
Faire des 8
Faire des roulés
et des effets rétro
Sauter à la corde</td><td>Pliée en deux
Dépliée
Faire balancer
Faire tourner/rattraper
Lancer/rattraper
Enrouler/dérouler</td><td>Petit dessin
à grand dessin :

Cercles
Huit
Serpentin
Spirale
Pagaies

Faire balancer/rattraper</td></tr>
<tr><td rowspan="2">Actions corporelles
avec engin

(Avec, sans, devant,
derrière)</td><td colspan="4">Se déplacer
Tourner
Rouler
Sauter avec...
Sauter par-dessus...
Changer de posture</td></tr>
<tr><td></td><td>Passer dedans</td><td>Se déplacer et maintenir
un dessin</td><td>S'étirer, se déplacer
pour une plus
grande amplitude</td></tr>
<tr><td>Échanges</td><td colspan="4">À 2
À 4
Distribution (un aux autres)
Diagonale
Face à face
Simultanément
Alternativement
En cascade
Immobile
En déplacement</td></tr>
<tr><td>Déplacements

(En avant, en arrière,
latéralement)</td><td colspan="4">Courir, sauter, rouler, tourner, pas chassés</td></tr>
<tr><td>Formations</td><td colspan="4">En carré
En rond
En ligne
En colonne
En diagonale
En T
En croix...</td></tr>
</table>

GYMNASTIQUE RYTHMIQUE

S'EXPRIMER DEVANT LES AUTRES PAR UNE PRESTATION ARTISTIQUE ET/OU ACROBATIQUE

OBJECTIFS	CONSIGNES

OBJECTIFS

Découvrir et organiser toutes les actions possibles avec les 4 engins

CONSIGNES

SITUATIONS DE JEUX

Situation 1 Actions de l'engin

Matériel

6 ballons, 6 cordes, 6 rubans, 6 cerceaux.
4 feuilles A3, feutres.
Musique en fond sonore.

Organisation

4 ateliers disposés aux coins de la salle dans l'ordre suivant : ballons, rubans, cerceaux, cordes.
4 groupes mixtes.
Rotations aux changements de musique (environ toutes les 8 minutes).

› À chaque atelier, manipule seul l'engin, sans le perdre, sur la musique : ensemble, faites l'inventaire des actions possibles avec chaque engin (voir répertoire), sous forme d'affiches.

› À chaque atelier, expérimente toutes les actions citées sur l'affiche.

› Par groupe : choisissez 4 actions et enchainez-les.

Situation 2 Déplacements et actions du corps

Organisation

4 ateliers en ligne, parallèles.
Zone « stop » matérialisée dans chaque couloir.

› Expérimente, recherche différentes manières de te déplacer dans le couloir, tout en manipulant l'engin : ensemble, faites l'inventaire des types de déplacements.

› Choisis un déplacement. En arrivant dans la zone « stop », bouge sur place (tours, aller au sol…) tout en gardant l'engin en mouvement : ensemble, faites l'inventaire des actions du corps.

Situation 3 Échanges

Matériel et organisation

Même matériel et organisation que situation 1.

› Expérimentez, recherchez différentes manières d'échanger les engins, faites l'inventaire des échanges possibles : à 2, 3 à 3, tous ensemble…

Mise en commun

À la fin des 4 rotations, chaque groupe montre les actions découvertes à leur dernier atelier.

Entrée dans l'activité

SITUATIONS

ACTIONS DE L'ENGIN

DÉPLACEMENTS ET ACTIONS DU CORPS

ÉCHANGES

COMPORTEMENTS OBSERVÉS

L'enfant...

- Expérimente-t-il différentes actions?
- Reste-t-il sur place ou ajoute-t-il un déplacement volontaire?

Quelle(s) action(s) arrive-t-il à reproduire sur une certaine durée?

Quels échanges réussit-il toujours? Lesquels posent problème?

Le lanceur...

- Adapte-t-il son geste à la position de son partenaire?

Le receveur...

- Est-il attentif?
- Garde-t-il l'engin en mouvement pendant le déplacement?

GYMNASTIQUE RYTHMIQUE

S'EXPRIMER DEVANT LES AUTRES PAR UNE PRESTATION ARTISTIQUE ET/OU ACROBATIQUE

OBJECTIFS	CONSIGNES

Objectifs : Combiner l'action du corps et de l'engin

SITUATIONS DE JEUX

Situation 1 **Les 6 zones**

Matériel
10 ballons, 10 cordes, 10 rubans, 10 cerceaux.
Musique en fond sonore.
Étiquettes des actions du corps (rouler, se déplacer, sauter, s'équilibrer, tourner, changer de posture) réparties dans 6 zones délimitées.

Organisation
6 groupes – le même engin pour tous les élèves du groupe.
Changer de zone toutes les 3 minutes environ.
Changer d'engin après avoir parcouru les 6 zones.

› Manipule seul l'engin en respectant l'action du corps imposée dans la zone.
› Essaye les différentes actions de l'engin (voir répertoire) avec l'action du corps imposée.
› Par groupe : choisissez 2 actions de l'engin et enchainez-les plusieurs fois.
› Au signal, changez de zone.

Situation 2 **Les couloirs**

Matériel
8 balles, 8 cerceaux, 8 rubans, 8 cordes.

Organisation
Espace divisé en 4 zones, 4 groupes, 1 engin par élève dans chaque zone.

› Choisis une combinaison « 1 action de l'engin – 1 déplacement ».
› Choisis une combinaison « 1 action de l'engin – 1 action du corps ».
› Enchaine les 2 combinaisons.
› Répète plusieurs fois.
› Choisissez l'une des combinaisons du groupe et réalisez-la ensemble.

EXEMPLE : CERCEAU
▸ Faire rouler - pas chassés - faire tourner - sauter

Actions et déplacements

SITUATIONS | COMPORTEMENTS RECHERCHÉS

LES 6 ZONES

Garder l'engin en mouvement

Ne pas le perdre pendant l'action du corps

Donner de l'amplitude aux gestes

LES COULOIRS

Enchainer sans perte d'engin et sans arrêt

Synchroniser ses actions avec ses partenaires

GYMNASTIQUE RYTHMIQUE

S'EXPRIMER DEVANT LES AUTRES PAR UNE PRESTATION ARTISTIQUE ET/OU ACROBATIQUE

OBJECTIFS	CONSIGNES

Combiner manipulations et échanges

SITUATIONS DE JEUX

Situation 1 Les gymnastes restent en place, les engins se déplacent

Matériel
Balles, cerceaux, rubans, cordes.
Musique.

Organisation
Espace divisé en 6 secteurs.
Travail par 4 en carré-même engin pour les 4.
Changement d'engin après la présentation.

› Dans le répertoire, choisissez une action de l'engin pour l'équipe.

› Exécutez la même action, puis envoyez l'engin à un coéquipier.
Par exemple, faites rebondir les ballons 5 fois, puis échangez-les par lancers, rebonds ou roulements au sol en les faisant tourner entre vous dans le sens des aiguilles d'une montre.

› Essayez d'autres actions.

› Choisissez-en une et présentez-la aux autres.

VARIANTES
- Direction de l'échange : en diagonale, en arrière.
- Formation : en rond, en ligne, en colonne, en diagonale.

Combiner échanges et déplacements

Situation 2 Les gymnastes se déplacent, les engins restent en place

Matériel
Idem que situation 1.

› Dans le répertoire, choisissez une action de l'engin pour l'équipe.

› Exécutez chacun la même action, puis déplacez-vous.
Par exemple, faites 5 balancés avec le ballon puis posez-le au sol.
Déplacez-vous en effectuant des pas chassés d'un côté du carré jusqu'à l'engin resté au sol, dans le sens des aiguilles d'une montre.

› Essayez d'autres actions.

› Choisissez-en une et présentez-la aux autres.

VARIANTES
- Direction du déplacement du gymnaste : en diagonale, en arrière, latéralement.
- Formation : en rond, en ligne, en colonne, en diagonale.
- Déplacement : courir, sauter, rouler, tourner, pas chassés…

Échanges et formations

SITUATIONS | **COMPORTEMENTS RECHERCHÉS**

LES GYMNASTES RESTENT EN PLACE, LES ENGINS SE DÉPLACENT

Varier les envois

Ne pas perdre l'engin

Isoler une action et la répéter

LES GYMNASTES SE DÉPLACENT, LES ENGINS RESTENT EN PLACE

Varier les déplacements

GYMNASTIQUE RYTHMIQUE

S'EXPRIMER DEVANT LES AUTRES PAR UNE PRESTATION ARTISTIQUE ET/OU ACROBATIQUE

OBJECTIFS

Créer un enchainement collectif

Améliorer la qualité des mouvements, leur originalité, leur énergie

Améliorer la manipulation des différents engins

Utiliser au mieux l'espace proposé

Mettre en œuvre une composition collective originale

CONSIGNES

Situation d'évaluation : créer un enchainement collectif

Consignes

1) Par groupe, choisissez	**Exemple**
› un engin,	ballon
› une organisation spatiale,	à 4, en carré
› des actions individuelles,	lancer, rattraper, rouler
› des échanges,	en diagonale
› des déplacements.	pas chassés sur 1 côté du carré

2) Créez un enchainement en utilisant tous ces éléments.

3) Répétez plusieurs fois votre enchainement.

4) Présentez votre enchainement aux autres.

Organisation

La classe est divisée en 6 groupes, sur un espace délimité (environ 15 x 15 mètres).
Chaque groupe montre sa production aux autres évaluateurs.
Les éléments à évaluer dans la grille d'évaluation ci-contre pourront être répartis de la manière suivante :

› équipe 1 : entrée et déplacements.
› équipe 2 : manipulation, actions corporelles et sorties d'engins.
› équipe 3 : formation et sorties de gymnastes.
› équipe 4 : échanges et chutes d'engins.
› équipe 5 : regard vers le public et sortie.
› équipe 6 : présentation de l'enchainement.

Évaluation

Grille d'évaluation Gymnastique rythmique

Nom.. **Classe**..

Prénom..

			ÉLÉMENTS ANNONCÉS	ÉLÉMENTS ÉVALUÉS	NOM DES ÉVALUATEURS
Valorisation	Entrée	0,5 point			
	Manipulation et/ou actions corporelles	1 point			
		1 point			
	Échanges	1 point			
		1 point			
	Déplacements	1 point			
		1 point			
	Formation	1 point			
		1 point			
	Sortie	0,5 point			
	Regard vers le public	1 point			
Pénalisation	Chutes d'engins	- 0,25 point par chute			
	Sorties d'engins	- 0,25 point par sortie			
	Sortie de gymnaste	- 0,25 point par sortie			
		TOTAL	**10**		